KB210128

선교를 이루는 영성

신앙을 새롭게 하는 선교의 힘

수전 호프 지음 · 이민희 옮김

이 도서의 국립중앙도서관 출판예정도서목록(CIP)은
서지정보유통지원시스템 홈페이지(http://seoji.nl.go.kr)와
국가자료종합목록 구축시스템(http://kolis-net.nl.go.kr)에서
이용하실 수 있습니다. (CIP제어번호 : CIP2019041790)

Mission-shaped Spirituality:
The Transforming Power of Mission
by Susan Hope

선교를 이루는 영성

신앙을 새롭게 하는 선교의 힘

수전 호프 지음 · 이민희 옮김

한국어판 서문

하느님 마음으로 사는 길

수전 호프가 쓴 『선교를 이루는 영성: 신앙을 새롭게 하는 선교의 힘』이 출간된다 하니 무척 기쁩니다. 수전은 이 책을 통해 교회를 세우기 전 하느님의 마음, 예수님의 마음, 그리고 성령의 마음으로 살았던 움직임을 이야기하고 있습니다. 제도화된 교회를 세우기 이전의 역동성을 그린 것입니다.

예수님의 첫 제자들은 인간적으로 뛰어난 장점을 가진 사람들이 아니라 우리처럼 평범한 사람들이었고 때로 못난 모습도 많이 보였습니다. 잘하려는 마음만 앞서서 잘못을 저지르기도 했고 이기적인 모습을 보이기도 했습니다. 깨달음이 느리고 경쟁심에 사로잡히기도 했습니다. 그러나 그러한 사람들을 예수님께서는 제자로 삼으셨고, 그 제자들은 예수님을 따랐고 예수님을 구세주로 고백할 수 있었고 제자가 될 수 있었습니다. 우리는 바로 여기에서 힘을 얻습니다. '배운 것이 없는 천한 사람'일지라도 예수님의 메시지에 사로잡힌 첫 제자들처럼 우리도 우리가 받은 이 메시지를 다른 사람들에게 전하는 메신저가 될 수 있습니다. 우리가 그러한 메신저가 될 수 있도록 하나님께서 우리의 삶을 해체하여 다시 조립하셨다는 것을 이 책을 통해 다시 깨닫게 됩니다.

"예루살렘에 모인 유다 지도자들과 원로들과 율법학자들과 대사제들은 베드로와 요한이 본래 배운 것이 없는 천한 사람인 줄 알았는데 '예수님에게 힘입지 않고는 아무도 구원을 받을 수 없다'고 이렇게 자신 있게 말하는 것을 보고 깜짝 놀랐다. 그리고 두 사도가 예수를 따라다니던 사람들이라는 것도 알게 되었다." (사도 4:13)

배운 사람은 확신을 가지고 말하는 데 비해 배움이 없는 사람은 말하기를 주저합니다. 사도행전은 '배움이 없는 사람인데 확신 있게 말하는 것을 보고 배운 사람들이 놀랐다'고 전하고 있습니다. 배움이 없는 사람이 예수님으로부터 힘을 입으면 학식이 있는 사람처럼 확신 있게 말하게 되는 것을 보여주는 현장입니다. 그 확신이란 곧 자신감으로 나타나기도 할 것이고 혹은 자신도 모르게 드러나는 하느님의 역동일 수도 있을 것입니다. 힘없는 연약한 사람이 힘 있는 강한 사람으로 변했는데 바로 예수님에게서 나온 힘을 입어서 그렇게 되었다는 것입니다. 지치고 외롭고 아픈 몸과 마음 역시 예수님에게서 나오는 힘으로 인하여 치유되고 회복될 수 있습니다. 이 책은 예수님으로부터 나오는 힘이 우리 삶을 변화시킨다는 것을 말하고 있습니다.

공허한 삶에서 벗어나 참된 삶의 의미를 찾고자 하는 사람, 익숙한 틀에 갇혀 새로운 전망을 향하지 못하는 사람, 메마르며 짜증과 분노가 많고 잦은 갈등의 한가운데 있는 사람, 원칙에 사로잡혀 제도에 묶인 사람, 준비 없이 어른이 된 막막한 청년들, 자기 자신을 미워하고 괴롭히는 사람, 이 모든 사람들에게 이 책은 우리가 어떤 인간이어야 하는가, 어떻게 살아야 하는가에 대해 성령의 지혜를 열어주실 것입니다. 그리고 자기중심적인 삶에서 하느님 중심으로 가는 삶이 어떤 것인지, 참된 교회의 모습은 어떤 것인지를 제도로서의 교회가 굳어지기 이전의 신앙의 모습을 통해 우리에게 보여줍니다. 예수님에게서 나오는 힘을 입었기에 우리들은 부서지지 않고, 낙망하지 않으며, 길을 발견할 것이며, 죽지 않을 것입니다. (2고린 4:9)

이 책의 출판을 통해 성령께서 이끄시는 역동적인 움직임을 따른 브랜든선교연구소 모든 분들에게 하느님의 복이 내리시길 바랍니다. 한국교회가 나아가야 할 새로운 길은 하느님의 마음으로 살아가는 길일 것입니다. 이 책 안에 담긴 메시지들을 통해 한국 그리스도인들이 우리 앞에 놓인 많은 숙제들을 풀어나가길 기대합니다.

대한성공회 관구장

유낙준 모세 주교

서문

하느님을 이해하는 것, 그리고 하느님께서 우리를 이해하시는 것, 이는 우리 인생 전체를 변화시킵니다. 어느 곳에서든 하느님을 살짝이라도 느꼈다면 우리는 모든 곳에서 하느님을 고대하며 찾지 않을 수 없을 것입니다. 이런 영향, 그리스도께서 사람들의 삶과 생명에 끼치신 영향으로 교회가 탄생했습니다. 모든 교회는 자신의 삶과 생명을 그리스도에게로 되돌린, 그리스도 중심적인 남자, 여자, 그리고 아이들이 모인 무리입니다. 이런 영향은 오늘날까지 지속되어, 새로운 방식으로 교회가 존재하도록 합니다. 선물로 받은 삶과 생명을 살아내야 하고 이를 공유해야 한다는 것을 우리는 직관적으로 알 수 있습니다. 우리가 이것을 알고 있다는 것이야말로 세상을 변화시키고자 하는 하느님의 열망, 즉 선교가 빚어낸 진정한 영성의 흔적일 것입니다.

수전 호프는 이 영성을 '선교를 이루는 영성'이라고 부릅니다. 받은 것이 넘쳐흘러 우리는 나누고 또 계속 받습니다. 지속적으로 하느님 안에 머물지 않으면, 그분의 사랑과 활력으로 우리의 삶과 생명을 빚어가지 않으면, 우리는 아무것도 할 수 없음을 알고 있습니다. 바울은 에페소의 교회들에게 "계속하여 충만함을 받아야 합니다"라고 말했습니다. (에페 5:18)

이 책은 호프 자신이 하느님 앞에 머문 경험, 그리고 호프가 그동안 하느님의 교회들이 감당해야 할 선교를 격려하고 추진해온 작업들을 원천으로 삼고 있습니다. 이 책은 우리를 호프가 말한 '선교적인 모험'에 동참하게 합니다. 그리하여 우리는 그리스도교 공동체의 새로운 표현들 fresh expressions을 형성하기 위해 복음을 받아들이게 될 것입니다. 그리고 선교는 하느님께 속한 것임을 강력하게 기억할 것입니다. 하느님의 교회, 하느님의 영성, 그의 위대한 사랑과 우리를 향한 신뢰가 우리를 격려하고 우리에게 원천이 되어주시기 때문입니다.

영국 첼름스포드 교구

스티븐 코트렐Stephen Cottrell 주교

차 례

한국어판 서문 : 하나님 마음으로 사는 길 4

서문 7

01 오게 하는 것에서 나아가는 것으로 11

02 부름을 받는 것에서 보냄을 받는 것으로 20

03 신뢰하는 삶 33

04 바라보기 47

05 순례를 위해 아무것도 지니지 말라 69

06 둘씩 짝지어 90

07 기도와 약속, 그리고 분투 108

08 메시지와 메신저 129

09 세상의 슬픔을 치유하라 144

10 배움과 웃음이 넘치는 긴 순례길 165

11 선교를 위한 여행 185

일러두기

성서 본문은 기본적으로 『공동번역 성서 개정판』(대한성서공회, 1999)을 따랐으나 원문과 지나치게 차이가 날 경우, 원문의 의도를 더 명확히 해야 할 필요가 있을 경우 직접 옮기거나 『새번역』(대한성서공회, 2004)을 사용했음을 밝힙니다.

01

오게 하는 것에서 나아가는 것으로

주님께서는 … 그들에게 말씀하셨다. … 가거라. (루가 10:1-3)

1999년, 열여덟 살에 불과했던 케리가 숨을 거뒀다. 고아원 아홉 곳을 전전하면서 그 누구와도 함께하지 못했고, 짧은 생애 동안 여러 차례 자살을 시도했던 그녀는 한 병원의 정원, 나무가 우거져 아무도 발견하지 못할 장소에서 발견됐다. 엄청난 양의 헤로인을 복용한 상태에서, 자신이 신었던 운동화 끈으로 목을 감았다.

몹시도 추웠던 2003년, 크리스마스를 기다리던 어느 날 밤에 노숙자 에이드리언은 돈캐스터 타운의 쉼터 쓰레기통 안에서 숨진 채 발견됐다. 그는 마약으로 중독된 상태였고 저체온증이 사망의 원인으로 밝혀졌다.

케리와 에이드리언의 죽음은 우리에게는 그저 통계를 채우는 숫자일 뿐이고, 알지도 못하는 두 명의 젊은이가 생을 달리한 사건일 뿐이다. 그러나 하느님께 그들은 숫자에 불과할 수 없다. 셀 수도 없는 사람들이 어떤 이유와 상황에서 쉼을 잃어버린 채 살아간다. 외롭고 굶주리고 희망을 잃어버린 채로, 자기 자신에게 책임을 묻고 스스로를 강박적으로 몰아세우며 산다. 어떤 사람들은 돈과 유흥, 연예인을 좇는 대중문화에 찌들어 살아간다. 또 어떤 사람들은 생명을 위협하는 위독한 질병이나 깨져버린 부부관계, 자녀의 느닷없는 죽음, 복잡한 성 정체성에서 오는 혼란을 직면하며 산다. 예수 그리스도의 복음은 이들이 이해할 만한 말과 방법으로 전해져야 한다. 망명 신청자, 학교를 다니는 어린이, 농부, 어부, 교외에 사는 부유한 사람, 어린 나이에 엄마가 돼버린 10대 소녀, 젊고 세련된 사람, 음악가, 도박꾼, 운동선수, 의료계 종사자, 학생에게 예수의 복음은 어떻게 적절한 옷을 입고 전해질 수 있을까. 사람들은 공동체가 전하는 기억의 단편들에 기대어 자신의 정체성을 세워간다. 때로는 불안하게 거기에 매달려 산다. 절반쯤 기억될 뿐인 공동체의 지혜들이 현대 사회의 광고, 유명 디자이너들의 의상으로 대표되는 21세기 영국의 소비문화와 얽히면서 천이 직조되듯 우리의 정체성은 만들어진다.

선교란 무엇인가

개인이든 공동체든 이 시대를 살아가는 교회의 신자들에게 하느님께서 요구하시는 것은 바로 케리와 에이드리언 같은 사람들에게로 가라는 것이다. 세상에서 고통받던 사람들이 교회로 나아왔던 시절이 있었다. 1,500여 년 동안 잉글랜드 성공회Church of England는 '교회'를 지역 곳곳에 세워 정착시켰다. 그리고 정착한 교회로 사람들이 나오도록 하는 것이 그리스도교 공동체가 정의하고 말해온 선교였다. "여기에 우리가 있으니, 오십시오. 당신의 아이들에게 세례를 베풀겠습니다. 혼례를 집전하고 장례를 치러드리겠습니다. 그리스도교 신앙에 관심이 생기고 우리를 조금 더 알기 원한다면 견진 교육을 받으세요." 이러한 방식으로 사람들은 오랫동안 교회를 다녔다. 잉글랜드 성공회가 국가교회로서 자신에게 주어진 임무를 충실히 이행했다고 생각해도 될 만큼, 꾸준히 교회로 나오는 사람들이 있었다.

그러나 이제 사람들은 교회로 나오지 않는다. 구구절절하게 설명할 필요도 없는 명백한 현상이다. 이유는 복잡하고 다면적이어서 수많은 방면으로 연구가 이뤄지고 있다. 『선교형 교회』Mission-shaped Church는 교회가 직면한 상황을 설명하는 보고서다. 보고서는 다음과 같이 전한다.

> 오늘날 주류 문화는 사람들을 더는 교회로 인도하지 않는다. 이전과는 전혀 다른 접근법이 필요하다. 새로 등장한 전략은 "우리에게 오라"가 아니라 "그들에게 가라"다.[1]

"가라"는 말을 지리적인 차원으로 좁게 해석해서는 곤란하다. 성육

---

1 *Mission-shaped Church*, Church House Publishing, p.12. (『선교형 교회』, 비아)

신이 단순히 지리학적인 개념이 돼버리고 말 것이기 때문이다. 더 넓고 깊게 사람들에게 나아가야 한다. '지리적·지역적 연결을 넘어 교회가 사람들의 문화와 가치, 생활방식, 관계망과 연결'되도록 그들 속으로 들어가야 한다.[2)]

선교에 힘을 불어넣는 것은 무엇인가?

우리가 선교를 위해 간다면, 선교의 힘이 될 자원은 어디서 얻을 수 있을까? 선교를 가능케 하는 힘은 무엇일까? 무엇으로 선교라는 자동차의 시동을 켤 것인가? 이미 멈춰 서버린 공동체를 움직이는 공동체, '오게 하는' 공동체에서 '가는' 공동체로 나아가려면 어떤 자극이 필요할까? 시간과 노력이 수없이 들게 될 이 일을 우리는 어떤 준비를 해야 감당할 수 있을까?

세 번째 천 년을 살아가는 영국 그리스도인에게 전해야 할, 여전히 유의미한 메시지가 우리에게 있다. 우리는 말과 행동을 통해 이 메시지를 받았으며, 이 메시지를 누군가에게 전하는 일만큼 중요한 일은 없다. 『선교형 교회』는 포스트모던 시대, 모든 것이 허용되고 통용되는 너그러운 세계에서 복음을 전하고 선교를 펼칠 수 있는 새로운 방법을 찾고 이를 평가하기 위해 작성된 보고서다.

---

2 *Mission-shaped Church*, p.12.

복음의 메시지가 아무리 중요하다 해도, 우리 문화와 시대에 이를 전하게 하는 자극, 열정, 갈망을 불러일으키지 않고서 메시지만으로는 충분하지 않다. 어떻게 이 메시지를 전할 열망을 불러올 것인가? '선교를 이루는 영성'이라고 불릴 만한 영성이 있을까? 선교를 불러일으키고 사도들을 따라 복음을 전하게 하는 '선교 영성'이라는 것이 존재할까? 만일 존재한다면, 그 영성은 어떤 특징을 지닐까?

신앙에 대한 질문

한 걸음 더 나아가 교회 안팎으로 그리스도교 신앙에 공격이 가해지는 이 시대에 선교를 감당할 만한 신앙을 어디서 찾을 수 있을까? 모든 것이 불확실한 시대에 선교를 위한 신앙은 어떻게 드러날 수 있을까? 대중은 극단주의와 신앙을 분간하지 못한 채 그리스도교를 매도하고는 한다. 이 시점에 신앙에 대해 질문하는 일은 그 자체로 우려스러운 일 아닐까? 이제 사람들은 '진리가 여기 있다'고 주장하며 강요하는 사람보다 함께 탐구하고 배우기를 권하며 가까이 다가서는 사람을 더 신뢰한다. 이 민감한 시대에 강요하지 않으면서도 복음이 품고 있는 믿음을 신뢰할 만한 형태로 드러낼 방법이 있을까? 어떻게 하면 성직자와 평신도가 복음을 전하는 사명을 단순히 떠맡는 데서 벗어나, 복음을 사는 사람으로 살 수 있을까?

지도의 가장자리를 뛰어넘는 여행

이 책은 이러한 질문들을 염두에 두고 있다. 나는 사람들에게 미지의 상태로 남아있는 광대한 바다로 나아가라고 안내하는 책을 쓰려는 게 아니다. (선교는 미지의 일일 수 있다. 잉글랜드 성공회의 선교사가 자국민을 향해 선교를 펼쳤던 일 역시 먼 과거의 일이기 때문이다. 영국의 여러 섬에서 이뤄진 선교활동들은 로마인과 켈트족 아일랜드인들이 주도했다는 점을 고려하면 잉글랜드 성공회가 자국민을 상대로 조직적인 선교활동을 펼쳤다고 보기 어렵다.) 교회에 나가지 않는 사람들의 속마음은 어떤지, 그들과 어떠한 관계를 맺어야 하는지 논하는 것도 이 책의 목적은 아니다. 그것이 매우 중요한 사안이고 지금껏 탐구해온 결과들이 이 사안에 영향을 미칠지도 모르지만, 이 책의 초점은 그것에 있지 않다.

이 책은 우리의 사명인 선교가 어떻게 이뤄지는지 그 근본적인 역동을 깨닫게 하고, 그 일을 감당하기 위해서는 우리가 어떤 사람이 되어야 하는지에 대해 이야기하려 한다. 우리는 그렇게 한 발, 한 발 앞으로 나아갈 것이다.

하지만 그것만이 목적은 아니다. 이 책은 교회와 우리 자신이 '사람들을 오게 하는' 것에서 '나아가는' 것으로, 생명을 주는 것life-giving으로 태도를 바꿀 때 정말로 즐거운 모험이 시작되리라는 상상을 불러일으킬 것이다. 우리가 교회로 모여 맞닥뜨리는 완전히 새로운 상황들은 신나는 탐험의 순간들일지 모른다. 당신이 어떤 교단에 속해있든, 어떤 그리스도교 전통을 사랑하든 간에 당신이 이 책에서 접할 잉글랜드 성공회의 신앙은 정착하여 정돈된 공동체의 신앙이라는 점을 기억해야 한다. 잉글랜드 성공회의 전례, 건물, 조직 체계, 논의 구조, 재정 협의, 자기이해는 오랜 시간에 걸쳐 형성된 요소들이다. 교회가 새롭게 마주하려는 선교는 교회의 신앙에 어떤 영향을 미치게 될까? 우리가 선교를 향해 나아갈 때 교회는 반드시 변화를 마주하게 될까? 우리의 가치 체계, 신앙, 기도, 하느님을 향한 삶의 방식은 선교의 순례를 통해 어떻게 변화할까?

최전선의 이야기들

이 책은 다른 방식으로 쓰일 수도 있었다. 예를 들어 선교사의 신앙이 어떠했는지 그 실마리를 찾기 위해 위대한 과거의 선교 운동들과 선교사들을 되돌아볼 수도 있었을 것이다. 아니면 성서 속 증인들의 말과 행동을 놓고 작업할 수도 있었겠다. 하지만 나는 다른 방식을 택했다. 『선교형 교회』는 기나긴 선교의 여정 중에서 지금 펼쳐지고 있는 몇 가지 방식들을 강조하며 소개한다. 잉글랜드 성공회와 감리교회는 '교회의 새로운 표현들'Fresh Expressions이라 부르는 계획을 추진했고, 이 도전들을 계속 장려하고 재정적으로 뒷받침할 수 있는 방편을 마련하고 있다. 낯선 땅에서 시작한 모험은 이야기를 싹트게 한다. 여러 모습으로 나타난 기적들을 해석해보려 시도하거나 성령의 인도를 식별하려고 노력했던 이야기, 상황이 불확실하기 때문에 겪었던 내적 갈등의 이야기, 모험이 선사하는 기쁨과 환희의 이야기, 가망 없어 보이는 위기에 처했을 때 써내려가게 되는 막

막한 이야기, 교회와 세상에서 겪게 되는 무관심과 저항에 대한 이야기, 계속해서 오르막길을 힘들게 걸어야 하는 인내의 이야기, 그러나 포기할 수 없었던 사명에 관한 이야기, 그리고 만나게 되는 놀라움과 경외에 관한 이야기가 우리 앞에 싹튼다.

우리 앞에 나타난 이 이야기들을 나누고, 여기서 조금 더 앞을 내다보고 싶었다. 우리의 이야기와 초대 그리스도교 교회의 선교 여행 이야기가 씨실과 날실로 얽혀 만든 옷감에서, 선교 영성은 어떤 모습들로 드러나는지 파악하려 했다. 이 모습들을 통해 선교를 이루는 영성의 실마리와 형태를 발견하고자 했다.

우리는 이 이야기들을 통해 선교의 사명을 감당할 사람들을 만드는 어떤 표식, 기적, 신호를 찾아낼 수 있을까? 이야기 자체는 작고 소박한 것들이다. 그러나 이 이야기들은 선교 현장에서 나타나는 살아있는 순간들을 전해준다. 예측 불가능한 이야기들은 어떤 연구 자료들보다 더 나은, 현장의 생동감 넘치는 소리를 들려준다. 이 책에 담긴 살아있는 이야기들을 제공해준 모든 이에게 감사를 전한다. 특별히 셰필드 센터Sheffield Center에서 교회 개척과 '교회의 새로운 표현들'을 깊이 연구하며 내게 넘치는 지지와 용기, 우정을 건네준 동료들에게 감사드린다.

전통적인 교회와 교회의 새로운 표현들

나는 이 책에 주로 등장하는 '교회의 새로운 표현들'뿐만 아니라 전통적인 교회들 역시 선교를 위한 사명을 갖는다고 확신한다. 따라서 선교의 한 형태로 전통적인 지역교회의 이야기도 제시했다. 선교를 이루는 영성을 찾는 과정에서 전통적인 교회와 새로운 선교 형태를 대립시켜서는 안 된다. 새롭게 개척한 많은 교회와 새로운 표현들은 전통적인 교회가 갖고 있던 선교 정신이 맺은 직접적인 열매라 할 수 있다. 물론 새로운 표현만이 갖는 장점도 있다. 말 그대로 '새로운' 특징을 지녔기 때문에 나타난 결과다. 형식을 다 갖추지 못한 채, 미숙하게 겪게 되는 여러 경험은 우리가 처한 상황을 더 명확하고 분명하게 보고 듣게 한다. 선교의 최전선에서 날아드는 말 한마디, 한마디가 교회 안으로 깊숙이 받아들여지는 모습을 발견할 수도 있다. 우리는 다양한 교회의 모습을 통해 '하나이요 거룩하고 사도로부터 이어오는 공교회'가 되도록 초대받았다. 우리 중 그 누구도 이 부르심에서 배제되지 않는다. 그 누가 이 거룩하고 기쁜 모험에서 낙오되길 바라겠는가?

02

부름을 받는 것에서
보냄을 받는 것으로

예수께서 그 열둘을 한 자리에 불러놓으시고 … 그들을 보내셨다. (루가 9:1-2)

다시, 1999년의 일이다. 셰필드 지역에서 꾸준히 성장하던 교회를 섬기던 나는 제대로 쉴 수 없었다. 우리 교회는 행정 팀, 어린이, 청소년, 가정 사역 팀으로 구성된 제법 큰 교회였다. 심방과 교회위원회의 일은 물론이고, 결혼과 장례도 끊이지 않았다. 그리스도교 자체에 질문을 품고 있던 사람들, 교회 주변부에 머물던 사람들에게 신앙의 기초를 안내하고 공동체 참여를 독려하는 일도 횟수는 적었으나 꾸준하게 진행되고 있었다. 모든 일은 완벽했고 교회는 건강했으며 만족스러웠다. 그러나 나는 무언가 문제가 있음을 깨달았다. 책상 앞에 앉아 컴퓨터로 작업하는 사무적인 일에 점점 더 압도당했고, 목회자로서 해야 할 반복되는 업무와 피곤한 일상 속에 파묻혀간다고 느꼈다. 이 일을 즐긴다거나 가치 있게 여기는 것과는 거리가 먼 모습이었다. 무언가 놓치고 있는 듯했다. 무언가 잃어버리고 있었지만, 난 그게 무엇인지 몰랐다. 몇 주가 지났을 때 나는 내면에서 끓어오르는 충동을 감지했다. 이 내적 충동은 조용히 불타올라 점점 더 확고해져갔다. '가야 한다.' 말 그대로 나는 어디론가 가야만 했다. 그런데 어디로, 어떻게 가야 한단 말인가?

나는 수첩에 '가라'라는 말을 계속 적으며 며칠을 보냈다. 그러던 어느 날, 강아지와 산책을 하던 나는 시내로 향하는 전철에 올랐다. 그리고 도심지에서 사람들 사이를 이리저리 돌아다니다가, 구걸하는 사람 옆에서 무릎을 굽혔다. "30분 정도 시간이 있어요. 당신 이야기를 들려주세요. 왜 이 차가운 길거리에 나오게 되신 거죠?"

나는 이런 식으로 몇 달을 보내며 '가는 것'에 관한 중요한 첫 번째 가르침을 얻었다. 길에서 만난 사람들은 내게 놀라운 이야기들을 들려주었다. 나도 어떤 이에게는 예수와 복음에 대해 말했다. 어떤 이에게는 따뜻한 차 한 잔을 대접하기도 했고, 가족과 연락이 끊긴 한 소녀를 찾아 비좁은 골목들을 돌아다니기도 했다.

그때 나는 알 수 있었다. 집으로 돌아오는 길에 언제나 마음에 기쁨이 가득하다는 사실을. 잃어버린 무언가를 찾은 기분이었다. 내가 어디론가 '갔기' 때문에 드러난 기쁨이었다. 동시에 나는 '가는' 일이 항상 기쁨을 선사하는 건 아니라는 사실도 깨달았다. 기쁘거나 그렇지 않거나 우리는 항상 '가야만 한다.'

열정을 발견하기

이 장에서는 핵심요소 한 가지를 강조하려 한다. 이 요소는 선교의 목적을 찾고 힘을 얻는 일과 관련되어 있다. 선교의 힘을 되찾는 일은 매우 중요하다. 교회 내부에 선교를 위한 기본 잠재력과 세상을 바라보는 마음이 있더라도 대다수 교회 지도자(성직자와 평신도 모두)는 매일매일 이어지는 교회의 일 때문에 선교를 뒤로 미뤘던 경험을 해보았을 것이다. 열정은 거의 사그라들었고 우리가 누구인지, 그리고 무엇이라 불려야 하는지도 희미해졌다. 바로 이 망각으로 인해 우리는 믿음을 잃었다. 우리는 흔히 선교를 생각할 때, 이 일을 압도적이고 불가능에 가까우며 우리가 다룰 수 있는 범위를 넘어선 일로 여긴다. 많은 교회는 선교와 관련해 일종의 강력한 관성을 가지고 있다. 우리가 정착한 이 현실에서 선교를 바라보면 그 일은 불가능한 일로 여겨진다. 편안하고 푹신한 의자에 앉아 불을 쬐면서 험난한 모험 영화를 보는 듯하다. 앞이 보이지 않는 난망한 일일 뿐이다. 그러나 우리는 나아가야 한다. 생각만 하고 있으면 점점 더 어려운 일로 여겨질 것이고, 변명거리만 떠오를 뿐이다.

자신의 관성을 이겨내기 위해 자기 자신을 설득하려 노력하는 사람은 만나기 쉽지 않다. 밀고 당기는 힘의 작용처럼 관성을 다루려면 기존의 태도에 저항하는 힘을 길러야 한다. 우리가 저항을 시작하면 관성은 이전처럼 힘을 쓰지 못한다. 내가 경험한 작은 이야기 하나는 우리가 나아가는 행동을 통해 선교를 향한 열정을 다시 지필 수 있음을 보여준다. 선교란 우리가 똑같이 겪어온 좌절을 이겨내는 최선의 방식이다. 나는 '불안하더라도 서둘러서 나아가라'고 밀어붙이는 게 아니다. 우리가 아무 이유도 없는 상태로 선교활동에 뛰어든다면 끝없는 피로와 환멸에 빠져 허우적거릴 수 있다. 나는 우리가 본래 부름받은 명령에 순종하기 위해서, 우리가 가진 열정에 불을 지피기 위해 나아가라고 권하는 것이다. 우리 마음에는 하느님과 세계를 향한 사랑의 열정이 담겨있다. 그 열정이 바로 선교를 이루는 영성을 끌고 나가는 동력이다.

관성에 저항하는 일은 본질적으로 실천과 관련되어 있다. 컴퓨터 앞에 앉아서 문서 작업을 하며 선교의 열정을 되살릴 수는 없는 법이다. 그 시간에 교회 변두리에 사는 잘 모르는 사람을 방문하는 일처럼 아주 작은 실천에서 시작해야 한다. 이 원칙은 성직자와 평신도 모두에게 적용된다. 우리가 이러한 실천을 하기 위해서는 불가피하게 기존의 일 중에서 한 가지를 내려놓거나 혹은 무시해야 한다. 예수께서는 아흔아홉과 하나의 비유를 들면서 우리가 이렇게 실천하기를 강하게 바라신다.

> 너희 가운데서 어떤 사람이 양 백 마리를 가지고 있는데, 그 가운데서 한 마리를 잃으면, 아흔아홉 마리를 들에 두고, 그 잃은 양을 찾을 때까지 찾아다니지 않겠느냐? (루가 15:4)

목회 전반의 우선순위를 논의하는 교구 교회위원회에서 이 문제를 이야기하며 감정에 솔직해지고 행동에 대한 구체적인 결정을 내리는 일은 아흔아홉을 떠나면서 우리에게 생길 죄책감과 불확실성을 다루는 데 도움을 줄 것이다.

'우리는 무엇을 위한, 어떤 존재인가'를 기억하기

하지만 선교가 우리 본래의 사명이라는 것을 어떻게 알 수 있을까? 이에 대해 『선교형 교회』는 "교회가 선교 공동체가 되는 것은 교회의 유전자 속에 이미 담겨있다"고 말한다. 또한 "창조주로서, 그리스도를 통하여, 성령 안에서 이루어지는 하나님의 선교는 창조물 전체를 존재하게 하고, 지탱하며 온전하게 만든다. … 구원자로서, 그리스도를 통하여 성령 안에서 이루어지는 하나님의 선교는 타락한 피조물을 회복하고 화해시킨다"라고 언급한다.[1] 우리는 세상으로 보내시는 하나님과의 관계로 초대받았다. 보내시는 하나님과의 만남을 통해 우리는 하나님이 보내신 사람이 된다. 우리는 하나님의 사자使者가 되는 것이다. 모세는 광야에서, 이사야는 연기가 자욱한 야훼의 보좌 앞에서, 시몬은 밤새 물고기를 한 마리도 잡지 못한 호숫가에서, 마리아는 예수의 무덤 밖 동산에서, 바울은 그리스도인을 박해하고 없애기 위해 동분서주하는 사람들 틈에서 하나님을 만났다. 그들은 어떤 식으로든 치유되고 변화되었다. 그리고 나아가서 사람들에게 하나님의 이야기를 전하도록 보내졌다. 그들에게 그 극적인 만남

1 *Mission-shaped Church*, p.85.

은 선교를 위한 표지가 되었을 것이다. 하느님의 불로 달궈졌고, 하느님의 열정으로 불타올랐다.

인격적인, 그러나 사적이지 않은

선교를 이루는 영성은 하느님과의 만남 속에서, 그 만남을 통해 형성된다. 하느님과의 만남은 오랜 시간이 흐르는 중에 조용히, 때로는 긴박하고 극적으로 우리가 사랑받고 용서받았다는 믿음을 심어준다. 선교를 이루는 영성은 이 사랑이 모두를 위한 것이고 이 소식은 모두에게 전해져야 한다고 말한다. 하느님과 진정으로 만났을 때 우리는 이 사랑을 나누어야 할 책임감을 느낀다. 하지만 삶을 살아가다 맞닥뜨리게 되는 여러 일로 우리 자신이 망가지면 하느님이 우리를 만나주셔도 우리는 이 사랑을 다른 이에게 전하기를 머뭇거리게 된다. 그러나 결국 하느님과의 만남을 통해 이뤄진 변화는 우리를 다른 이들에게로 이끈다. 하느님은 사랑으로 한 개인을 만나주시지만, 그 만남은 사적인 경험으로 끝나지 않는다.

나는 때로, 아니 사실은 꽤 자주, 내가 만나는 교회에서 하느님을 만나지 못한 사람들이 얼마나 있을지 궁금해지곤 한다. '하느님 경험'과 관련된 어떤 증거를 찾지 못해서가 아니다. 교회에서 예배드리는 많은 이가 교회 밖의 사람들에게로 나아가는 일에 별다른 관심이 없어 보였기 때문이다. 관심이 없는 게 사실이라면 우리가 교회 밖으로 나가야 하는 이유 자체를 이해할 수 없을 것이다. 대체 교회에 무슨 일이 벌어진 것일까?

고든 크라우서Gordon Crowther는 스토크에 있는 '벽 없는 교회'에서 회심과 부르심을 경험했다. 그의 경험이 모든 이에게 적용되는 것은 아니다.

> 나는 학생 때 회심했다. 나의 회심은 하느님의 명령과 동시에 주어졌다. 창세기에 담긴 이야기는 하느님의 백성을 위한 선교가 무엇에 초점을 두고 있는지를 보여준다. 나는 복음에 관하여 우리가 받은 선한 것을 나눠주고, 다른 이에게 하느님의 은총을 표현하며, 그리스도의 증인으로, 하느님 나라의 대사로 사는 일이 선교의 중심이라고 이해했다.[2)]

하지만 선교에 별다른 관심이 없다고 해서 우리가 복음을 진정으로 듣지 못했고 받지 못했다고 할 수 있을까?

일반적인 것에서 부분적인 것으로

하느님은 자신의 선교활동을 함께하기 위해 우리를 부르셨다. 이것이 이른바 '일반적인 부르심'이다. 우리는 어디에 있든, 그곳이 직장이든 지역교회든, 우리의 모든 관계에서 증인의 삶을 산다. 일반적인 부르심은 자신들이 속한 지역에서 하느님의 사랑을 나눌 만한 일을 기획하고 진행하며 다른 이를 위한 증인으로 사는 것이다. 하지만 어떤 그리스도인들은

2 Gordon Crowther, questionnaire, June 2004.

특수한 부르심을 경험하기도 한다. 특정한 사람들 무리 속으로 들어가라는 부르심, 혹은 특정 연령대의 사람들을 위한 선교에 매진하라는 부르심이 대표적인 사례다. 부르심을 명확히 구분하기란 쉽지 않다. 부르심이 나타나는 방식과 부르심이 펼쳐지는 모습은 그것을 받은 사람들의 숫자만큼이나 다채롭다. 어떤 이는 부르심을 따르는 일이 명확한 것 없이 직감을 따르는 일이라고 생각한다. 그들은 부르심을 따라 어떤 사람들과의 관계로 이끌려 간다.

베리의 감리교 목회자인 오토는 학습장애를 겪는 사람과 함께 있다. 처음에 오토는 다른 지역교회, 성직자와 함께 한 달에 한 번씩 음식을 나누고 예배드리는 일에 참여했었다. 그런데 모임이 점점 커지면서 단출했던 모임은 매주 일요일마다 함께 모여 예배드리고 서로를 위로하는 모임으로 발전했다. 지금은 환우들의 보호자, 부모를 포함해 50명이 넘는 인원이 모이며, 이 모임에 참석하려고 맨체스터에서 찾아오는 사람도 있다.[3)]

어떤 이에게는 하나님의 부르심이 내면으로부터 올라온다. 그들은 거리의 사람들, 10대 엄마들, 혹은 사무실에서 피로에 찌들어 일하는 사람들에게로 다가가고자 하는 열망을 품는다. 워필드에 자리한 청소년 교회 지도자인 마크 미든은 이렇게 말했다.

---

3 Contributor at a workshop at *Mission 21*, Sheffield, 2006.

돌아보면 내가 있는 이곳, 내가 하는 일 모두가 생각할수록 이상하게 느껴진다. 제멋대로 뻗은 머리카락을 가진 부끄러움 많은 한 목회자의 아들이었던 나를 하느님께서 사용하셨다. 나는 내 친구들이 그리스도인이 되기를 바랐다. 대학교를 진학하며 집을 떠났을 때도 내 마음은 청소년들을 향해 있었다. 졸업 후 나는 열정을 가지고 아프리카로 향했고 지금은 블랙넬을 향한 하느님의 전망을 본다. 나는 청소년을 위한 공동체를 만드는 일에 마음이 불타고 있었다.[4)]

어떤 이는 곤경에 처한 자신의 상황을 견디는 동안 다른 사람을 향해 나아가도록 재촉받기도 했다. 그는 갑작스레 내던져졌다. 내가 아는 어느 부부는 아들이 감옥에 가게 된 일을 계기로 거리의 사람들을 집으로 초대하기 시작했고 그들과 깊은 관계를 맺어나갔다.

사자와 정글, 혹은 예술과 당구 게임

이처럼 우리는 '선교적이라고 말할 만한 시도와 노력이란 특정한 사람들에게 보내지는 일'이라는 사실을 깨닫는다. '선교'라는 말을 들으면 사람들은 지구 저 반대편에서 펼쳐지는 매우 경탄할 만하고 활기 넘치는, 그러나 아주 머나먼 곳에서 벌어지는 어떤 활동이라고 생각한다. 선교는 그런

4 George Lings, *Encounters on the Edge*, No. 4, the Sheffield Centre, pp.7–8.

일에 국한되지 않는다. 우리는 우리가 살고 있는 지역에서 어떤 사람들을 위해 특별히 부름받은 선교사들이라는 사실을 깨달아야 한다.

우리는 대개 선교사라고 하면 그들이 독특하고 유별난, 그리고 예외적인 사람들이라고 여긴다. 우산을 휘저으며 사자를 쫓아내는 일이 즐거울 수 있는 사람, 혼자서 정글 여행을 할 수 있는 사람 정도로 생각해왔을지 모른다. 하지만 우리 역시 선교사일 수 있다. 중보기도, 협동, 열정, 상상력, 그리고 성령을 향한 열린 마음만 가지고 있다면 우리가 처한 상황에서 복음을 효과적으로 전할 수 있다. 또 교회 형태보다는 오히려 사람들이 모이는 형태, 이를테면 예술활동, 조깅, 당구 게임처럼 우리가 평상시 즐기는 것들이 선교를 위해 더 적절하다는 것을 깨닫게 된다. 고딕 양식을 본떠 지은 뾰족한 첨탑을 가진 교회만이 선교를 위한 유일한 방식은 아니다.

> X는 예술가다. 그는 수년간 전임으로 사역하면서 다른 이들과 신앙을 나누고 있었다. 그러던 어느 날 그는 "하느님, 제가 무엇을 하기를 바라시나요?"라고 기도하기 시작했다. 삶의 방향을 찾기 위해 몸부림치며 그는 눈물을 흘리고 울부짖으며 분투했다. … 그는 점차 하느님께서 "내가 네게 준 단 한 번뿐인 삶을 통해, 네가 진정으로 하고자 하는 일은 무엇이니?"라고 물으신다는 것을 느꼈다. 그리고 하느님은 자신이 가장 좋아하는 것을 통해 필요한 모든 것을 제공하신다는 사실을 깨닫게 됐다. 그는 그림 그리는 일을 사랑했다. 이 사실을 깨닫자 선교를 위한 문이 활짝 열렸다. 하느님께

서 그에게 바라신 일은 다른 사람들 사이에서 함께 일하는 것이었다. 동료 예술가들과 관계를 맺고 그들의 말을 경청하며, 그들이 누구인지, 그들의 작품이 담고 있는 영적 측면이 무엇인지 깊게 들여다보는 일이었다. 그는 예술가로서 그 자리에 서있었다. 그러던 와중에 다시 한 번 하느님의 마음을 깨달았다. "이 사람들의 삶 속에서 너는 무엇을 하려고 하니? 네가 하려는 일에 내가 어떻게 함께하기를 바라니?" 그는 하느님의 이 질문을 곱씹으며 자신이 누구인지에 대한 해답과 기쁨, 자유를 발견했다. 한 사람의 예술가로서 기쁜 소식을 나누러 나아갈 때, 이 부르심은 내 삶의 충만함을 일깨운다. 나는 하느님께서 되기를 바라시는 그 사람이 되어간다. '무언가를 해야만 한다'라는 복음 전도에 대한 죄책감 대신 놀랍도록 자유로운 기쁨을 느낀다.'[5]

활력과 기쁨

우리가 무엇을 원하고 어떤 존재인지 깨닫는 것, 다시 말해 우리 자신의 부르심을 깨닫는 일이 선교를 위한 영성의 주된 주제다. 현대 신학자들은 그리스도교 교회가 선교를 향한 자신들의 부르심을 다시 발견할 때 진정으로 회복되고 새롭게 태어날 수 있다고 주장한다. 월터 브루그먼Walter Brueggemann은 "지금의 교회는 선교의 활력을 잊어버리는 기억상실증에

5 저자와의 대화, 2006년 3월 10일.

빠져있다"고 경고한다.[6] 앤드루 워커Andrew Walker는 이를 '깊고 심각한 불안이 표면으로 드러난 문제'라고 설명한다. 그는 말한다.

> 우리는 우리가 누구인지를 잊어버렸다. 자신들이 누구인지 잊어버린 사람들이 복음마저 기억하지 못할 때, 현대 사회를 위해 실제로 적용될 선교의 활력은 발견할 수 없을 것이다.[7]

하나님의 사람들이 자신이 누구인지 잊은 채, 동시에 복음도 기억하지 못할 때, 시험이 다가온다. 기억상실은 방향을 잃게 하고 우리가 궁극적으로 부르심을 배반하도록 만든다. 레슬리 뉴비긴Lesslie Newbigin은 이를 다음과 같이 표현한다.

> '우리는 선택받았다'는 교리의 선교적 특성을 망각할 때, 즉 우리가 선택받은 이유는 파송되기 위해서라는 사실을 잊어버릴 때 신자들은 그 '선택'을 발판 삼아 앞으로 나아가 목적(땅끝까지 가서 하나님의 증인이 되는 것)을 추구하기보다 뒤로 물러서 하나님의 비밀스러운 조언에 더 관심을 두게 될지도 모른다. 그런 경우 하나님의 선택은 세상의 구원이 아니라 신자들, 자신들의 구원을 위한 것으로 축소된다. 하나님의 백성이 하나님께 위탁받은 사

---

6 Walter Brueggmann, *Biblical Perspectives on Evangelism*, Abindon Press, 1993, p.90. (『복음 전파에 대한 성서적 전망』 한신대학교, 2007)

7 Andrew Walker, *Telling the Story: Gospe, mission and cultrue*, SPCK, 1996, p. 48.

명을 저버리는 것이다.[8)]

우리가 무엇을 위한, 무엇에 관한 존재인지 잊어버렸기 때문에 활력을 잃었다면, 우리가 다시 기억해내기만 하면 선교 영성을 되찾을 수 있지 않을까? 어떤 존재가 되어 누구에게 나아가야 할지를 다시 발견하게 되지 않을까? 나는 선교 영성을 품는 일이 그리스도인으로 사는 일의 핵심이라고 여긴다. 사도들을 통해 이어져온 이 영성은 교회와 세례받은 제자들에게 전해 내려온 고귀한 유산이다. 선교를 이루는 영성은 엄청난 기쁨을 드러낼 잠재력을 지니고 있다. 이 영성은 행동을 통해서만 깨닫게 된다. 우리는 그리스도를 위한 증인으로 부름받았으며, 신앙의 다른 영역들처럼 순종할 때 증인의 역할을 수행할 수 있다. "그들은 갔고, 곧 치유되었다." "그들은 물속으로 걸어 들어갔고, 그때 바다는 나뉘었다." 내가 경험한 바에 의하면 '가는 것'을 통해 신앙의 활력은 드러난다. 교회는 선교를 향해 움직일 때 내부에서 뿜어져 나오는 활력과 환희를 발견하게 될 것이다.

8 Lesslie Newbigin, *The Hosehold of God*, SCM Press, 1953, p.101. (『교회란 무엇인가』, IVP, 2010)

03

신뢰하는 삶

아버지께서는 너희의 머리카락까지도 다 세어놓고 계신다. 그러니 두려워하지 마라. (마태 10:30-31)

감리교 목회자인 바버라 글래슨은 재건축으로 인해 교회를 도심지가 아닌 새로운 곳으로 옮겨야 하는 문제 때문에 6년 동안 기도하며 지혜를 구했다. 리버풀 중심가를 샅샅이 훑던 그녀는 문득 이렇게 교회를 철수하는 게 완전히 잘못됐다고 생각하게 됐다. 이 결정이 거리의 사람들, 도심의 쇼핑객들, 상업지구의 상인들에게서 멀어지려는 것처럼 보였다. 도시 중심지였던 장소가 주거 공간으로 재건축되면서 젊은 부부들이 모여들기 시작했다. 그녀는 "여기 선봉에 서서 새로운 이들을 맞아들여야 한다. 그들이 우리에게 다가올 때 그들이 머물 여백을 준비해야 한다"라고 주장했다.

그녀는 교회를 기반으로 이뤄졌던 전통적인 복음 전도의 형태에서 벗어나 전혀 다르게 시도하기로 했다. 함께 빵을 만드는 모임부터 출발했다. 이런 시도는 기존 관행에 비추어보면, 어떤 결과를 낼지 알 수 없다는 위험 부담을 안고 있는 일이었다. 그러나 그녀가 알아차리기도 전에, 테이블 주변에 서있던 사람들은 자신들의 이야기, 삶의 경험을 나누기 시작했다. 모임은 기도와 예배, 하느님의 말씀을 나누기를 원하는 공동체로 자라났다.[1]

안락함과 익숙함에서 벗어나기

우리가 무엇을 위한, 무엇에 관한 존재인지 깨달아야 하는 이유는 선교적 활력을 되찾기 위해서만은 아니다. 선교는 안락하게 여기던 것, 분명하게 안다고 자신했던 것을 떠나는 일에서 시작한다. 선교를 위해 파송된 사람들은 이러한 과정 때문에 정체성의 위기를 겪기도 한다. 19세기 중반 허드슨 테일러Hudson Taylor는 자기 자신을 중국인으로 바꿔나가는 여정을 시작하며 누이에게 편지를 썼다.

너한테 해줄 얘기가 있어. 지난 목요일 밤 11시쯤, 이발사를 찾아가 이곳 사람들에게 익숙한 검은색으로 머리카락을 염색했어. 아침에는 비단실을 덧대어 머리카락을 땋아 늘이기도 했지.[2)]

1 www.somewhereelse.co.uk

2 Dr and Mrs Howard Taylor, *Biography of James Hudson Taylor*, Hodder & Stoughton, 1973, p. 148.

외적으로만 변화한 것이 아니었다. 그의 전기는 이렇게 이어진다.

그는 끝없이 기도했다. 그의 기도는 외모의 변화보다 더 큰 변화를 자아냈다. 중국인들도 이를 느꼈고 유럽인들 역시 이 변화를 감지했다. 무엇보다 자기 자신이 변화를 느꼈다. 그는 중국에 들어온 다른 선교단체들과는 보이지 않는 담을 쌓았고, 자신이 다가가려는 중국인들에게는 자기 자신을 내던졌다.[3)]

'자기 자신'을 벗어나 '다른 사람'을 향해 움직이는 것은 선교의 중심이며, 이를 위해서는 엄청난 요구와 특별한 자원이 필요하다. 우리는 이 움직임을 예수 자신의 삶에서 발견한다. 그의 케노시스kenosis, 즉 '자기 비움'은 하나님이 보내신 사람이 십자가에 매달림으로써 분명하게 드러났다. 세례받은 후 십자가에 이르기까지 예수의 순례는 기쁨과 활력, 명확한 가르침과 군중의 환호, 우정과 갈등, 분투, 힘 있는 말씀 선포, 구조적인 악을 포함한 악과의 마주침, 겟세마네와 갈보리에서의 위대한 자기 투쟁으로 나타난다. 복음서 저자들은 예수의 순례는 아버지라고 알고 있던 근원에서 제공된 자양분으로 지탱되었다고 말한다.

아버지께서 하시는 일을 아들도 할 따름이다. … 아버지와 나는 하나다. …

---

3 *Biography of James Hudson Taylor*, p. 149.

나를 보았다면 그것은 곧 아버지를 본 것이다. (요한 5:19, 10:30, 14:9)

갈등과 위험

복음서에 등장하는 예수의 사역 대부분은 갈등과 위험이 팽배한 상황에서 이뤄진다. 충격적이라 느껴질 때도 있다. '확고하게 믿으며 내맡기는 것'sure repose은 우리에게 구시대의 이상, 낡은 유물처럼 보인다. 그렇지만 복음서의 예수는 매우 힘든 상황에서도 자기 자신을 다른 이에게 믿고 맡기는 확실한 균형 상태, 분명한 자기 확신을 보여준다. "그는 어디서 그와 같은 균형감각과 자기 확신을 얻었을까? 그 근원은 무엇이었을까?"라고 질문했을 때 얻을 수 있는 대답은 '그는 자신을 희생하여 내어줄 수 있는 사람이었다'는 것이다. 그는 자기 자신이 누구인지 분명히 알고 있었기에 갈등 속에서도 자신을 내어 맡길 수 있었다.

'사랑받는 사람'임을 기억하라

그리스도의 세례 장면에서 우리가 확인해야 하는 것은 무엇일까? 우리는 그 본문에서 하늘에서 비둘기같이 내리신 성령을 본다. 그리고 "너는 내가 사랑하는 아들, 내 마음에 드는 아들이다"(루가 3:22)라는 음성을 듣는다. 여기서부터 예수의 공적인 사역은 시작된다. 모든 사역이 시작되는 이 장면에서 우리는 선교에 관한 이야기를 듣는 게 아니라, 하느님의 아들로서 예수가 큰 사랑을 받고 있다는 것을 깨닫게 된다. 그는 하느님의 기쁨이 되었다. 이 말을 확장해 해석할 필요는 없다. 이를테면 '네가 일을 제법 잘 처리했기 때문에, 내게 복종했기 때문에, 내 요구를 충족시켰기 때문에, 내 마음에 든다'는 뜻이 아니다. 그저 '네가 나를 기쁘게 한다. 나는 너 자체로 즐겁다. 나는 내가 바라보는 너란 존재를 사랑한다. 네가 나아가는 것을 볼 때 나는 신이 나서 "야호!" 하고 소리칠 것이다'라는 뜻이다.

자신이 깊이 사랑받는 존재임을 발견하는 일은 평생에 걸친 과업이다. 앞 장에서 언급했던 예술가는 자신에게 새겨진 하느님의 사랑을 더 깊이 배우는 것이 소명의 전부라는 사실을 깨달았다. 이 깨달음은 새로운 순례를 떠날 때 매우 중요한 부분이다. 그는 하느님의 목소리에 귀 기울이기 위해 분투해야 했던 곳에서 하느님을 향한 신뢰로 초대받았고, 그곳으로 자신이 나아가고 있음을 깨달았다. "너는 내가 사랑하는 자다. 나를 신뢰하여라. 나를 믿어라." 그는 그 순간을 떠올리며 "내가 어떤 것도 계획하지 못한다는 것을 알았다. 하느님께서 나를 이끌어 가시도록 그분을 신뢰하는 법을 배우고 나서 선교 현장으로 갔을 뿐이다"라고 말했다. 그리스도교 선교의 중심에는 정체성에 대한 질문이 놓여있다. 하느님 앞에서 자신이 누구인지 아는 것, 하느님의 큰 사랑을 받는 자라는 사실을 깨닫는 것은 사역을 위해 갖추어야 할 필수요소다. 절대적이고 변치 않을 지식을 습득하는 일만이 배움의 전부는 아니다. 정체성에 대해 평생 동안 탐구하고 물어야 하며, 그 길에서 등장하는 기쁨과 위험을 모두 마주해야 한다. 순례의 시작점과 반환점에는 '나와 너' I-Thou 의 관계가 놓여

있다. 이 관계는 내가 나에 관하여 가장 우선하는 의미를 찾아가도록 하느님께서 준비하신 자리다.

이 관계가 얼마나 중요한지는 엄마의 품에 안긴 작은 아기의 모습을 떠올리면 이해할 수 있다. 아기는 자신을 바라보는 엄마의 얼굴을 통해 자신의 존재를 깨닫는다. 다른 사람 덕분에 자기 자신이 있다는 것, 자신의 존재를 알게 되는 것은 아기에게 관계를 통해 얻게 되는 가장 소중한 선물일 것이다. 아기를 향해 미소 짓는 엄마의 얼굴이 사랑으로 가득 차 있을 때, 그 미소는 아기에게 "너는 큰 사랑을 받는 존재란다"라고 말하며, 아기의 정체성을 단단히 하는 기반을 제공한다. 아기는 엄마의 신뢰를 기반으로 자긍심, 심리적인 회복력, 그리고 기쁨을 얻는다. 안타깝게도 우리를 둘러싼 세상은 우리에게 전혀 다른 말, 냉대와 무관심, 적대의 말을 읊조린다. 심지어 많은 이는 바라볼 얼굴조차 없는 삶을 산다.

우리가 선교를 이루는 영성을 생각할 때 가장 중요하게 여겨야 할 요소는 하느님과 함께하는 장소(예수가 '거하라'고 말씀하셨던 곳)야말로 모든 선교가 시작되는 곳이라는 점이다. 우리는 하느님과 만나는 장소를 집으로 삼고 다른 이를 향해 나아간다. 다른 이를 만나는 누군가가 자신의 마음을 '집'에 굳건히 매어두듯 세상을 향해 나아가는 그리스도교의 공동체와 교회들도 하느님과 함께하는 장소, 곧 하느님의 사랑에 자신들의 마음을 단단히 붙들어 매야 한다. '큰 사랑을 받는 자로서 자기 자신을 아는 것'은 기쁨으로 가득 찬 선교, 효과적이고 활력 넘치는 선교를 위해 우리가 기억해야 할 가장 중요한 요소다. 성령의 활동을 통해 우리의 현재 경험 속에 쌓여가는 이 지식은 우리를 하느님 앞에서 안정적인 존재로 만들어간다. 이 일은 개인적으로 이루어지기도 한다. 또 공동체 속에서 맺는 관계를 통해 이루어지기도 한다. 하느님 앞에서 우리는 '나의 아들, 나의 딸, 사랑받는 자, 기뻐할 만한 자'다.

'자기 자신'에 사로잡힌 세상에서는 우리가 누구인지를 찾아가는 과정, 사랑받는 자임을 깨달아가는 과정이 차고 넘치는 심리학의 용어처럼 여겨질 수도 있다. 그러나 이 과정은 우리가 제자로 살아가는 과정의 시작점이다. 우리는 이 초석을 딛고 십자가를 지며 예수를 따른다. 이 제자도는 우리가 하느님의 관계에서 수동적으로 머무르지 않고 나아오기를 요구한다. 우리가 성장함에 따라 예배는 하느님에게 무언가 받는 일에서 하느님께 무언가 드리는 일로 변한다. 무언가 드린다는 것은 순종의 핵심적인 특징이다. 이 순종은 시민과 노동자가 자신이 감당해야 할 일을 감당할 때, 자식이 부모에게 마땅히 효도할 때 드러나는 순종과 같은 의미다.

신뢰하는 삶

부모가 자녀에게 줄 수 있는 가장 큰 선물은 신뢰일 것이다. 신뢰는 사랑받고 있음을 아는 사람에게는 선물과 같다. 그러나 오늘날 우리가 하느님께 사랑받고 있다고 믿는 것, 하느님의 복음을 신뢰한다는 것은 어색한 일이 되어버렸다. 우리는 이를 받아들이지 못한다. 깊은 신뢰에서 비롯되는 자긍심을 오만이나 깊이 없는 겉치레와 혼동하기도 한다. 하지만 그리스도인의 진정한 신뢰가 무엇인지 깊이 살펴보면, 이런 것은 '아무 문제 없는' 신앙 체계를 유지하는 일과는 거리가 있음을 깨닫게 된다.

'신뢰'confidence라는 말은 '신뢰하여, 신임하여'라는 의미의 라틴어 confidere에서 파생되었다. 그리스도인은 이 신뢰를 바탕으로 부활하신 그리스도와 변화된 삶을 생동감 넘치는 현실로 받아들이며 그곳에 뿌리 내리고 그 근원을 향해 나아간다. '신뢰한다'라는 말은 신뢰가 자리 잡은 곳에서조차 불확실한 상황이 나타날 수 있음을 염두에 두는 태도를 지칭한다. '신뢰'Trust는 관계에 적용되는 단어다. 관계에는 질문과 의견 다툼, 의심과 불신이 등장할 수 있다. 이것이 바로 관계의 실상이다. 신앙의 순례에는 엄청난 불확실성, 한 치 앞도 내다볼 수 없는 순간들이 나타나기도 한다. 어둠과 시험, 두려움의 시간 속에서는 순례 자체가 어리석어 보이거나 무모하게 느껴질지도 모른다.[4] 우리가 세례자 요한처럼 어두컴컴한 감옥에 갇히는 것은 아닐지라도 모든 상황이 이전까지의 신앙에 역행하는 것처럼 보일 때, 우리는 "당신이 그 존재입니까? 아니면 나는 다른 누군가를 찾아야 합니까?"라고 울부짖는 우리 자신을 발견하게 될 것이다. 그러나 예수께서는 세례자 요한에게 "그렇다"라고 대답하지 않았다. 오히려 그는 친구들의 증언에 기대어 요한이 듣고 보고 깊이 생각하고 신뢰하는 대답을 내놓을 수 있도록 세례자를 초대했다. 진정한 그리스도교의 신뢰는 교리적 확신을 가리키는 것이 아니라 신뢰하는 방법을 배우는

4 T.S. Eliot, 'The Journey of Magi', *Selected Poems*, Faber & Faber, 1961.

일을 가리킨다. 다른 가능성이 있음에도 불구하고 "하느님은 선하고 신실하고 정의로우며 진리이다"라고 감히 믿는 것이다. 서구 문화는 진정한 인간이 되기 위해 진정한 관계를 맺어가는 과정을 매우 높이 평가한다. 우리는 기쁨과 즐거움만이 아니라 의심과 불확실성이 넘실거리는 진정한 관계로, 하느님께로 사람들을 초대해야 한다.

> 내가 생각하는 '새로운 표현들'의 핵심은 '현실'이다. 우리가 정직하고 연약해질수록, 현실의 삶에 천착할수록 더 많은 사람이 우리와 함께하길 원한다. 우리는 그 현실에 눈떠야 한다.[5)]

우리가 해야 할 선택은 교리에 관한 것이 아니다. 우리는 신뢰하는 삶을 선택해야 한다. 상황이 어려워질수록 우리는 신뢰를 택해야 한다. 그리스도의 증인이 되는 일에는 기꺼이 상처받는 것도 포함된다. 우리는 하느님과 맺은 관계에서 기쁨으로 충만하든 의심과 회의로 분투하든 관계없이 다른 사람들이 이 상황을 볼 수 있도록 투명하게 우리 자신을 열어야 한다. 구경꾼들이 우리가 진지하게 임하는 신앙이라는 이 경주에 관심을 갖게 하고, 그들이 단순한 목격자에서 참여자로, 가장자리에서 중심부로 옮겨 오도록 사람들을 독려해야 한다.

그렇다면 신앙을 사적인 영역으로만 보는 우리들의 교회가 하느님과

---

5 Baz Gascoigne, contribution to a workshop at *Mission 21*, Sheffield, 2006.

우리의 관계를 다른 이들이 보도록 개방하기 위해서는 어떻게 해야 할까? 돈캐스터에 있는 성 제임스 교회는 주일 예배에 '바르나바의 시간'이라는 순서를 마련했다. 이 시간에 회중들은 하느님께서 일주일 동안 혹은 한 달 동안 자신들에게 어떤 일을 하셨는지 자신들의 언어로 나눈다. 하느님께서 그들에게 무엇을 가르치셨고, 무엇을 말씀하셨는지를 공유하는 것이다. 단순해 보이는 신자들의 고백은 찬란하다거나 유창하다고 할 수는 없다. 그들은 하느님을 신뢰해야만 했던 순간들, 하느님을 다시 느끼게 될 순간들처럼 단순하고 소박한 이야기들을 나눴다. 이야기 속에는 종종 실패와 상실의 경험도 담겨있었다. 특별해 보이지 않았던 신자들의 고백은 시간이 지나면서 신앙하는 이들이 가진 진리들을 서로 연결하는 통로가 됐다. 신자들은 서로를 격려하며 한 걸음 더 성장했고, 아직 신앙 갖기를 주저하는 이들에게 무게감 있는 영향을 끼쳤다.

하느님과 맺은 관계에 대해 자유롭게 말할 수 있는 다른 방법도 있다. 우리는 교회 밖으로 나가 아직 신앙을 갖지 않은 사람들과 신뢰 관계를 맺기 이전에, 교회 안에서 함께 모인 사람들과 자신들의 이야기를 진솔하게 나누어야 한다. 자신을 감추고 보호하려는 마음을 내려놓고 '하느님에 관한 이야기'를 나누기까지는 많은 시간과 인내가 필요하다. "하느님께서 당신에게 무슨 말씀을 하셨죠? 지난 만남 이후 하느님은 우리 안에서 어떤 일을 하셨을까요?"와 같은 질문은 교회위원회처럼 정기적으로 모임을 갖는 그룹에서 던져야 할 것이다. 처음 질문을 주고받을 때는 어색한 침묵만이 흐를지도 모른다. 그러나 질문을 정기적으로 주고받다 보면 교회 안에는 이전에는 경험할 수 없었던 변화가 시작된다. 하느님께서 우리 공동체 구성원들을 향해 어디서, 어떻게 일하시는지를 감지할 수 있고, 우리는 하느님의 일에 관해, 그에 따른 우리의 느낌에 관해 소리 내어 말할 수 있게 된다. 용기가 생기는 것이다.

두려움에 맞서기

모든 이가 그런 건 아니지만 누군가는 선교의 길이 두려움으로 가득 차 있다고 생각할 수 있다. 선교를 시작하면 온갖 어려움을 겪을 수 있고, 위험한 선교 현장으로 나아가는 사람들은 자신들의 소명을 실천하기 위해 다양한 정보, 실제적인 후원이 필요할지도 모른다. 우리는 준비되어야 한다.

> 2004년 초, 나는 우리 교회의 복음 전도자들과 함께 지방으로 전도를 나갔다. 골목 사이사이에 있는 집에 들를 때마다 우리는 문전박대를 당했다. 그러다 아기를 키우는 한 젊은 부부가 우리를 맞아들여줬다. 그들과 대화를 나눈 뒤, 우리는 예배 시간이 적힌 교회 전단지를 부부의 집에 두고 나왔다. 그 집에서 멀어지고 있을 때, 나는 무언가 내 머리 위를 스치고 지나갔음을 느꼈다. 그리고 내 옆 길바닥에는 달걀이 떨어졌다. 그 젊은 부부가 우리가 시야에서 사라질 때까지 우리에게 달걀을 던지고 있었던 것이다.[6]

6 Linda Edge, Stepping Stones, Sheffield Diocese.

이와 다른 두려움도 있다. "내가 실패하면 어쩌지? 내가 한 교회의 지도자로서 실패한다면 사람들은 어떻게 생각할까? 내가 전도에 전혀 소질이 없다고 보이면 어떡하나? 거절당한다면? 무언가 잘못된다면? 신앙의 무수한 문제들에 대해서는 어떻게 말해야 할까? 이 모든 걸 망쳐버리면 어떻게 될까? 그리고 ('정치적 올바름'을 면밀하게 고려해야 하는 요즘 세상에) 상대에게 무례를 범하면 어떻게 하지?"

이러한 고민들에 관해서는 지역교회, 그리고 교구 수준의 훈련 과정에 참여한다면 도움을 받을 수 있을 것이다. 그러나 간단한 워크숍이나 강의가 이러한 고민들을 말끔하게 해소해주지는 못한다. 고민들은 전도하는 이들의 마음과 정신에 깊이 뿌리내려있기 때문이다. 두려움은 우리가 어떻게 양육되고 성장해왔는지를 중심으로 형성된다. 우리가 누구인지, 우리 자신을 어떻게 바라보아야 하는지에 대한 물음, 그리고 우리의 성향과 삶의 경험을 통해 두려움은 자라난다. 시간이 좀 지나면 우리는 이 두려움과 함께, 두려움을 통해 일해야 한다는 것을 깨닫게 될 것이다. 선교적인 시도와 모험은 필연적으로 위험을 감수해야 한다는 것도 알게 될 것이다.

두려움 그 자체가 선교를 못 하게 하는 이유는 아니다. 우리가 '부적절하다고 느끼는 것, 우리는 못 한다고 생각하는 것'은 때로 진실한 하느님의 종이라는 표식일 수도 있다. 모세와 예레미야도 그런 사람들이었다. 선교에 참여할 때 두려움을 느끼는 건 좋은 소식이다. 우리가 두려움의 근원적인 이유를 찾지는 못하겠지만, 그 두려움을 넘어 누군가와 대화를 시도하고자 한다면 우리를 거절했던 많은 사람들, 어린이와 젊은이, 노인들은 신앙에 관한 그 용감한 대화에 참여하기 시작할 것이다. 그리고 그리스도인이 보여준 사랑과 섬김은 그들의 마음을 한결 가볍고 따뜻하게 만들어줄 것이다.

우리는 두려움에서 자유로워지는 것, 그 자유에 자리 잡고 선교를 시작하는 것이 우리 또한 치유했다는 사실을 알게 됐다. 우리는 벼랑 끝에 서서 떨고 있는 선교사들에게 "걱정 마세요. 기운을 내요. 당신을 기다리는 사람들은 당신의 사랑을 필요로 하는 사람들이에요. 그들은 정말 사랑스러운 사람들이에요"라고 격려하는 우리 자신을 발견하게 될 것이다.

> 한 교회의 열네 명의 할머니들은 교회 옆에 위치한 학교 어린이들이 아침밥도 먹지 않고 하루를 시작한다는 사실을 알게 됐다. 할머니들은 교회에 모여 아침식사를 준비해서 어린이들에게 나누어주었다. 얼마 지나지 않았을 때 학교 어린이들의 집중력은 향상됐고, 교회와 학교의 관계는 더욱 가까워졌다. 학교의 교장 선생님은 그리스도교에 진지한 관심을 보이기 시작했고, 마침내 교장 부부는 그리스도인이 되었다.[7]

우리가 두려움에서 자유를 얻기까지는 많은 시간이 필요치 않을 것이다. 함께 길을 걷는 이들이 있다면 말이다. 그리고 무슨 일이 있더라도

---

7 Contribution to a workshop at *Mission 21*, Sheffield, 2006.

우리 서로가 진심을 다해 사랑하고 있다는 사실을 깨닫는다면 두려움은 힘을 잃을 것이다.

14세기 노리치의 줄리안은 이런 글을 남겼다.

> 그분은 "너는 혹사당하지 않을 거야. 싫증을 느끼지도, 불편하지도 않을 거야"라고 말씀하시지 않았습니다. 그분은 오히려 "너는 극복할 수 없을 거야"라고 말씀하셨지요. 하느님께서는 우리가 이런 말에 주의를 기울이기 바라십니다. 우리가 기쁠 때나 슬플 때나 하느님을 향한 신뢰 속에 굳건하기를 바라시지요.[8)]

8 Member of the Julian Shrine, *Enfolded in Love: Daily readings with Julian of Norwich*, Darton, Longman & Todd, 1980, p.39.

04

바라보기

예수께서 무리를 보시고, 그들을 불쌍히 여기셨다. (마태 9:36)

본다는 것은 만남의 일부다. "모세는 불꽃이 이는 떨기를 보았다." "큰일 났구나, 나의 주님을 눈으로 뵙다니." "시몬은 너무나 많은 고기가 잡힌 것을 보고" "내가 주님을 뵈었습니다." "제자들은 주님을 뵙고, 기뻐서 어쩔 줄을 몰랐다." "사울의 눈에서 비늘 같은 것이 떨어지면서 다시 보게 되었다." 이 모두는 신앙으로 보는 이야기이며, 초점을 하느님께 맞춘다는 것이다.

사울이 바울로 바뀌어가듯이, 본다는 것은 우리를 형성하며 잡다한 야망에서 우리를 자유롭게 한다. 본다는 것은 우리의 단단한 마음과 존재감을 깨트려 열고 우리를 새로운 모습으로 만든다. J. 몰트만J. Moltmann은 "우리가 하느님의 언약 가운데 산다면 우리는 무관심하게 살 수 없나.

동정과 연민이 우리의 삶을 빛어나갈 것이다"라고 말했다.[1] 보는 것은 우리를 선교로 이끈다.

하느님과의 언약 가운데 살아간다는 것은 우리가 하느님을 볼 뿐만 아니라 다른 관점으로 세상을 바라볼 수 있음을 뜻한다. 선교를 위한 진정한 영성은 다르게 '보는' 일을 필요로 한다. 세상 자체, 세상의 아름다움, 가능성, 그리고 세상의 슬픔을 보는 것이다. 예수의 눈은 언제나 세상을 향해 열려있었다. '그가 그녀를 볼 때' '그가 그들에게 연민을 품었을 때'와 같은 표현들은 복음서 전체에 걸쳐 계속 나타난다. 마치 장대한 음악에 후렴이 반복되는 것 같다. 보는 것이 그에게 긍휼한 마음을 품도록 이끌었을까? 아니면 긍휼한 마음 때문에 그는 진정으로 볼 수 있었던 걸까? 어떤 경우든 긍휼한 마음으로 세상을 보는 일은 예수가 자신을 벗어나 다른 이를 향하도록 했고, 그들을 치유하고 먹이며 용서하고 자비를 베풀고 죽음에서 일으켜 새로운 생명을 나누어주는 일을 하도록 했다.

이는 하느님과 세상을 향한 사랑으로 불타는 영성이다. '물질적'인 것과 '영적'인 것을 첨예하게 나누거나 이 둘을 어떤 경쟁 구도에 두려는 것이 아니다. 예수는 육신의 문제들도 바라보았다. 그는 자신에게서 벗어나 고통을 겪는 모든 사람을 향해 내동댕이쳐졌다. 그는 자신이 마주한 것을 보며 어떻게 해서든 다른 이의 고통을 향해 깊이 나아갔다. 하지만 그 고통에 압도당하여 주어진 상황 안에 활동하시는 하느님의 창조적인 가능

1 Jürgen Moltman, *The Open Church*, Fortress Press, 1978, p. 23.

성을 놓치지도 않았다. 예수가 창조적으로 바라볼 때, 모든 것이 고정된 듯 보이는 상황에서 새로운 가능성이 솟아났다.

눈을 뜨고 그곳에 무엇이 있는지 바라보는 것, 다만 다른 방식으로 보는 것이 전부였다. 그는 우리도 이와 같은 방식으로 세상을 보도록 격려한다.

> 너희는 넉 달이 지나야 추수 때가 된다고 하지 않느냐? 그러나 나는 너희에게 말한다. 눈을 들어서 밭을 보아라. 이미 곡식이 익어서 거둘 때가 되었다. (요한 4:35)

이렇게도 말할 수 있을 것이다.

> 하느님 나라의 선교를, 복음을 전하는 일을 뒤로 미루지 마라. 우리가 더 알게 될 때, 교회가 더 강해질 때, 우리 형편이 나아질 때, 선교를 위한 조직을 준비할 만한 시간이 생길 때로 너의 사명을 미루지 마라. 보아라, 눈을 떠라. 네가 무엇을 준비하거나 특별한 일을 할 필요는 없다. 바로 지금, 오늘 여기에, 네 눈앞에 기회가 놓여있다.

숙고는 행동으로 이어진다

기꺼이 보고자 하는 것은 중요하다. 때로 주변에 놓인 부서진 자리를 향해 눈뜨기보다 장님으로 남는 일이 더 쉽다. 그렇기에 우리는 기꺼이 눈을 떠야 한다. 눈을 뜬다는 것은 주어진 상황에 참여해 관계를 맺겠다는 뜻이다. 사제나 레위인처럼 바쁜 영적 업무를 핑계로 반쯤 죽어가는 사람을 길가에 내팽개치고 그 옆을 지나가버릴 수 있다. 그것은 쉬운 길이다. 길가에 사람이 버려져있음을 알기만 하는 것, 그리고 모든 일에 장님으로 남는 것 모두 가능한 선택이다. 그러나 사마리아 사람은 그를 보았다. 죽어가는 그 사람을 보았다. 그를 보고는 고되고 비용이 들며 기존 계획을 뭉그러뜨리는 선택을 했다. '가엾은 마음이 들었'기(루가 10:33) 때문이다. 숙고하는 것, 깊이 보는 것, 모든 일의 중심을 바라보는 것은 우리 영성을 구성하는 요소다. 여기에서 선교는 행동으로 드러난다.

목회자 리치 존슨은 자신의 경험을 이렇게 표현한다.

> 나는 교회가 더욱 효과적으로 선교에 참여하고 우리 문화에 접근하려면 어떤 방식을 택해야 할지를 논의하는 회의에 참석하기 위해 바삐 움직였다. 베이커가의 지하철역으로 뛰어가던 나는〈빅이슈〉잡지를 파는 노숙인을 만났고 어색한 미소를 지으며 그를 외면했다. '중요한 일이 있으니 어쩔 수 없지 않은가'라고 생각했다. 몇 걸음 지나자 나는 성령께서 내 마음을 쿡쿡 찌르신다는 것을 느꼈다. '도움이 필요한 사람에게 예수가 될 기회를 붙잡는 것보다 더 중요한 것이 무엇인가?'
>
> 나는 가던 길을 멈췄고, 내가 어리석다고 느꼈다. 우리가 사는 이 엉망진창의 세계에서 우리가 무엇을 해야 하고, 어떻게 하면 예수가 될 수 있을지

를 논의하는 모임, 즉 선교를 위한 회의에 참석하려고 서두르면서 나는 바로 그 일 자체에 실패하고 말았다. 나는 발걸음을 돌려 노숙인에게 다가갔고 그의 옆에서 무릎을 꿇었다. 내가 그에게 이런저런 이야기를 하는 동안 그 노숙인은 나를 수상쩍은 미소를 띠며 바라보았다. "안녕하세요. 저는 〈빅 이슈〉 잡지가 필요하지는 않아요. 솔직히 말하자면 잡지를 잘 읽지도 않아요. 하지만 한 권 가격을 지불할게요. 그럼 당신은 이 잡지 한 권을 한 번 더 팔 수 있을 거예요." 그는 "감사합니다, 정말"이라고 답했고, 나는 그의 이름을 물었다. 그는 "제 이름은 내셔입니다"라고 답했다. 나는 그의 몸에 새겨진 문신들, 그의 체구, 그의 상처를 보았다. 험난한 인생을 살아온 듯 보였다. "만나서 반가워요. 저는 리치라고 해요." 우리는 손을 맞잡았다. 그 상황에서 나는 무슨 말을 해야 할지 몰랐다. 다행히도 내셔는 어색함을 깨고 말을 이어갔다. 그는 눈물이 고인 채 몇 명의 사람이 자신을 그저 스쳐 지나갔는지, 무시했는지, 또 잡지를 사줬는지 그 숫자를 수첩에 적었다고 했다. 아마도 외로움과 지루함, 고통을 이런 식으로 잊고자 했던 것 같다. 총 781명의 사람이 그날 아침 내셔를 그냥 지나쳤다. 그는 화를 내거나 억울해하지는 않았다. 단지 그가 겪는 현실이었을 뿐이다. 나도 눈물이 고였다. 나는 그에게 782번째 사람일 수 있었다. 아니, 나는 숫자 782뿐일 수 있었다. 그러나 하느님께서 발걸음을 멈추라고 내 마음에 속삭이신 것이다.

나는 그의 눈을 바라보며 물었다. "당신의 진짜 이름은 뭔가요?" 내셔는 내 눈을 바라보며 부드럽게 말했다. "피터예요." 나는 성서의 피터, 베드로를 생각했다. 불안에 떨던 제자 베드로에게 예수는 교회의 반석이 될 것이라고 약속하셨다. 나는 그를 돌아보며 말했다. "피터, 베드로라고 불린 사람에 관한 이야기가 있어요. 피터라는 이름의 의미를 알고 있어요?" 그는 신이 난 듯 답했다. "네, 알죠. 바위라는 뜻이잖아요."

나는 내가 거룩한 땅 위에 서있음을 깨달았다. "맞아요. 예수께서 반석 위에 교회를 세우겠다고 약속하셨죠. 당신은 지금 자신이 바위 같다고 느끼나요?" 피터는 답했다. "아니요. 저는 모래 언덕 위에 있는 것 같아요." 나는 내 마음에 긍휼이 불꽃처럼 이는 것을 느꼈다. 그렇다. 나는 예수가 되고 있었다. 내가 무엇을 더 알아야 했을까? 얼마만큼의 회의, 논의 자리가 나를 이 깨달음의 장소로 이끌 수 있었을까? 지금 이 일을 위해 얼마만큼의 선교에 관한 책이 더 필요하단 말인가?

'눈을 뜨고 들판을 바라보는 것', 우리 주변에 있는 이들을 바라보는 일은 『선교형 교회』가 제안하는 '상상력 세례'를 위해 반드시 필요하다.[2] 우리는 우리 눈을 열어야 한다. 교회 벽 너머에 있는 문화와 집단에 대해 숙고하고 반성하며, 사랑의 눈길로 바라보지 못한다면 우리는 그들을 깊이 알 수 없다. 우리는 우리가 가진 '복음 꾸러미' 안만 들여다보는지도 모른다. 어떤 인격적인 만남이나 대화 없이 그들에게 무작정 달려들고, '복음 꾸러미'를 열고 그 내용물을 꺼내 늘어놓으려 한다. 그래서는 안 된다. 눈을 뜨고 특정 집단의 문화를 배워야 한다. 우리가 전하려는 복음

2 *Mission-shaped Church*, p.90.

이 그들에게도 복음이 되도록, 이를 이루기 위해 우리가 보내졌음을 기억해야 한다.

성공회 목회자인 다미안 헤크니 신부는 '교회에 나오지 않는 35세 미만의 이혼 남성은 일주일 중 어느 때 가장 한가할까?'라고 궁금해했다. 그가 궁금해했던 시간대는 '그랜드스탠드'(TV 스포츠 쇼 프로그램)가 끝난 직후부터 호프집이 문을 열기 시작하는 시간 사이, 바로 토요일 저녁 6시 30분이었다. 그 시간에 다미안은 성당에서 미사를 집전하고 있었다.

그는 이제 질문을 지역교회로 옮겼고 부인과 함께 비슷한 질문을 이어갔다. '대다수' 사람이 자연스럽게 들르는 건물은 어디일까? 그곳은 슈퍼마켓 체인점인 아스다(식료품 가게) 매장이었다. 그는 이를 알게 된 후 아스다의 관리팀에 매주 토요일, 아침식사가 끝났을 시간인 10시에 중앙 홀 입구에서 미사를 집전해도 되겠냐고 물었다. 관리팀은 매우 호의적이었고 가게 전체에 예배 실황이 전달되도록 음향장비도 설치해주었다. 아스다의 직원들도 예배 음악을 귀로 들을 수 있었다. '편안한 분위기에서 성체를 받아 모실 수 있는 환대하는 분위기, 그것이 중요하다. 성체를 받기 원하면서도 그냥 지나쳐 갔던 사람들이 다시 돌아와 성체를 두 손에 받아 들 수 있도록.'[3]

다미안 신부의 이야기는 여기서 멈추지 않는다. 그는 2002년 어느 날

---

3 *Encounters on the Edge*, No. 16, pp.10f.

임종을 앞둔 한 여성을 방문했다. 여성은 그를 보고 "아, 당신이군요"라고 말했다. "저는 아스다에서 아침식사를 하며 당신의 말씀을 들었고, 당신과 함께 기도했어요." 우리는 가려져 있던 눈을 뜨고, 주변에 있던 고통과 아픔, 깨짐을 보아야 한다. 우리 자신에서 벗어나 깨어진 곳들을 향해, 하느님을 위해 나아가야 한다. 『선교형 교회』는 교회와 우리의 문화 사이에 거대한 괴리가 나타나고 있다고 말한다.[4] 안타깝지만 우리 대다수는 '회심하다, 회개하다'라는 말이 종교적인 예배에만 관련된 말이라고 여긴다. 그러나 진정한 회심은 '완전히 돌이켜서 새로운 방식으로 사는 것'을 가리킨다. 회심이란 익숙했던 우리 자신에게서 돌이키는 것, 익숙한 종교적 선입견을 뛰어넘어 그곳에 놓여있는 현실을 새롭게 바라보는 것이다. 우리가 진정으로 볼 수 있을 때 우리는 하느님께 "우리가 본 이것과 관련해 무엇을 해야 합니까?"라고 묻게 된다. 진심을 담아 바라보는 시각은 우리를 상황에 필요한 행동으로 이끈다.

데이브 북리스Dave Bookless는 세계적인 그리스도교 연합 공동체인 '로차A Rocha International'의 영국 대표다. 그는 이 직책을 맡기 전에 사우스올 교구의 사제로 활동했었다. 데이브는 버려진 쓰레기들에서 새로운 가능성을 발견했고, 곧 공동체를 변화시킬 만한 프로젝트에 착수했다.

1998년, 데이브는 코앞에 닥친 것이 무엇인지 깨닫기 시작했다. 그가 속한

---

4 *Mission-shaped Church*, p.13.

지역교회는 90에이커 넓이의 불모지를 소유하고 있었다. 이 땅은 도로를 끼고 있었으며 상당히 넓은 개울을 포함하는 동시에 산업단지에 둘러싸여 있었다. 그 땅을 소유했던 가족의 이름을 딴 마인 사이트Mine Site는 몇 년 전 시의회에 팔렸는데, 그곳은 개발제한구역으로 지정되어, 높은 인구밀도로 인해 고통받는 도시의 잠재적인 오사시스로 여겨졌다. 이 땅은 몇십 년간 개발되지 않은 채 보존되었기에, 다양한 종류의 생물을 품고 있었다. 데이브는 이곳을 주기적으로 살폈고, 그가 발견한 동식물들을 적어나가기 시작했다. 새로운 사역이 시작되던 순간이었다.[5)]

불안을 벗어나 자유를 향해

우리는 눈을 떠야만 한다. 우리는 우리가 안주하는 곳 바깥에는 선교를 위한 잠재력, 새롭게 선교가 펼쳐질 공간이 없다고 굳게 믿곤 한다. 우리를 둘러싼 모든 곳은 사실상 '타지'가 된다. '밖'은 존재하지만 우리는 그곳을 바라보지 못한다. 『선교형 교회』가 제기한 문제들을 붙들고 씨름하는 교회와 지도자들은 이런저런 고민을 안고 있을지도 모른다. '우리가 해야 할 일이 산더미같이 쌓여있는데 선교한다는 게 가능할까?' '새로운 방식으로 선교를 펼친다고 했을 때 그것을 위한 시간은 어떻게 마련할 수 있을까?' 우선순위에 관해, 다른 이들과의 협력에 대해, 새로

5 *Encounters on the Edge*, No. 26, p.7.

운 자극을 줄 계획과 그 계획의 지속 가능성에 대해 질문을 던지는 것은 당연해 보인다. 하지만 이 질문들에는 불안이 숨어있다. 선교를 우리에게 달린 일, 우리가 시작해야 하는 일, 우리가 힘과 노력을 쏟아 부어야 하는 일이라고 여기는 거짓된 믿음이 담겨있다. 우리는 그저 여기에 있을 뿐이다. '눈을 뜨고 바라보는 일'은 우리를 불안에서 벗어나게 한다. 복음이 전파될 기회를 우리가 직접 만들어야 한다는 말이 아니다. 그저 그곳에 놓여있는 선교의 기회를 알아차리라는 말이다. '눈을 뜨고 들판을 보라. 수확해야 할 만큼 무르익었다.'

특별한 행사가 복음 전도에 큰 영향을 끼치는 건 분명하다. 그리고 문화와 집단, 복음이 어떻게 그들에게 전달될지 진지하게 고민하는 일도 매우 중요하다. 그러나 이 모든 것은 선교의 표면에 달린 장식에 불과하다. 핵심은 단순하고 분명하다. 성령이 우리의 삶을 통해 일하시게 하는 것이다. 우체국에서 선 긴 줄에서, 쉬는 시간 찾아간 매점에서, 체육관의 탈의실에서, 퇴근 후에 들른 선술집에서 말이다.

> 제인은 슈퍼마켓 계산 줄에 서있었다. 그녀 앞에 서있던 여성은 바구니에 이런저런 물건과 함께 커다란 술 한 병을 담아놓았다. 그녀의 얼굴에는 피곤이 붙어있었다. 제인은 그녀에게 다가가 가볍게 말했다. "이 많은 술을 혼자서 마시기에는 벅차 보이네요." 그러자 그 여성은 갑자기 한숨을 내쉬고 눈물을 보였다. 제인이 그녀에게 건넨 위로는, 사실 자기 자신에게 필요했던 말이었다. 제인은 그녀와 함께, 그녀의 외로운 집으로 가서 이야기를 나

누었다. 오랜 시간 외로움에 지쳐있던 이 여성은 제인을 통해 교회를 찾아갔고 그곳에서 자신을 위로하는 사람들을 만났다. 우정 어린 관계를 맺었고 마침내 신앙을 갖게 됐다.

선교를 이루는 영성을 품은 사람들이 해야 할 과업에는 시력을 회복하는 일이 포함된다. 영적 훈련과 고된 노동을 하면서도, 하느님과 하느님께서 우리를 보내신 곳에 있는 사람들을 향한 시선이라는 두 개의 초점을 유지해야 한다. '하느님을 사랑하고 네 이웃을 네 몸과 같이 사랑하라.'

본다는 것에는 주의를 기울인다는 뜻도 포함된다.

우리가 물려받은 그리스도교 전통이 오늘날의 상황에 어떻게 적용될 수 있을지를 고민하기 전에 선교가 펼쳐질 배경, 세상에 귀를 기울여야 한다. 복음의 씨앗이 문화 안에 뿌리내리고 교회의 모습을 갖춰가기 위해서는 선교가 필요하다. 상황에 어떻게 귀 기울이느냐에 따라 이후에 형성되는 교회의 모습이 달라진다.[6]

의도를 품고 존재하기

두 가지 초점을 유지하는 훈련과 노동을 과소평가해서는 안 된다. 선교의

---

6 *Mission-shaped Church*, p.105.

순례를 막 시작한 사람이 일반적인 교회생활에서 더 나아가 새로운 표현, 새로운 선교적 시도를 하기 위해서는 어떤 준비가 필요할지 현재로서는 명확히 알기 어렵다.[7)] 그러나 새로운 표현에 참여한 사람들의 이야기를 통해 바라보는 능력을 어떻게 회복할 수 있는지 배우는 일은 매우 중요하다. 이러한 이야기들은 '의도'를 강조한다. 그저 멍하니 바라보는 것이 아니라 특정한 방향으로 보는 것이다. 특정한 집단이나 장소에 집중하며 목적을 갖고 보는 것이다. 그래서 특정한 목표들로 계획을 채워가는 것이다. 사람들이 자신의 의도를 분명히 깨닫거나 의도에 맞게 움직인다면 소진되기보다는 발전하는 자신을 발견하게 될 것이다.

그렇다면 '의도'는 어떤 것일까? 일부 교회와 사람들에게 축복으로 전해진, 평범한 사람들이 갖기는 어려운 특성일까? 나는 실천을 통해 의도는 자라난다고 생각한다. 모든 집단과 개인은 선교를 향한 이 '의도'를 강화할 수 있다. 당사자가 누구든지, 엄마들의 모임이거나 교회위원회, 성직자들, 비전문가들에 상관없이 무언가를 바라보는 눈을 갖도록 주의 깊게 훈련하면 의도성은 시작되고 튼튼히 자라게 된다.

우리가 품는 의도는 우선 익숙한 교회 밖에도 하느님의 생명이 넘실대고 있다고 믿는 데서 성장하기 시작한다. 더 깊이, 더 천천히 밖을 바라보아야 한다. 시간이 지나면 무언가 모호하게 보이는 대상들이 나타날 것이다. 우리는 그때 조금 더 날카롭게 바라보아야 한다. 그러면 모호해 보

7 Attributed to Eugen Peterson.

이던 그곳에서 사람들이 시야에 들어오기 시작할 것이다. 갑작스러울지도 모르지만 점점 더 분명하게 그 사람들을 보게 된다. 우리는 그 사람들이 누가 되었든 그들과의 관계로 들어가 우리가 할 일을 깨닫게 된다. 우리의 생활과 지향은 더욱 분명해질 것이다. 이 과정을 통해 우리는 시력을 조정하는 렌즈를 얻는다. 우리가 이 과정에 더욱 헌신할수록 더욱 명료하게 볼 수 있게 된다. 초점이 세밀해질수록 우리는 변한다.

> '교회의 새로운 표현' 활동에 참여했던 셰필드 지역의 젊은 선교사 몇 명에게 선교를 통해 자신이 어떻게 변화하고 발전했는지를 물었다. 그들은 이렇게 답했다. "저에 대한 부르심이 깨어나는 듯했습니다." "예수께서 어루만지신 사람들을 보면 볼수록 제 삶의 우선순위가 분명해집니다." "제 삶은 매우 의도적으로 변해갑니다."

우리가 선교를 위해 삶의 방향을 결정할 때, 즉 선교를 향한 의도를 품게 되면 교회 밖에서 일어나는 일들에 더 집중하게 될 것이다. 익숙하게 느껴지는 교회에 대한 집착이 줄어든다. 우리가 아주 조금이라도 나아가기 시작했을 때, 어깨너머로 뒤를 돌아보면 그 모습은 이전과 매우 달라 보일 것이다.

『선교형 교회』는 영국 성공회가 장기간 국가교회로 자리 잡고 있었기에 교회의 소명이 선교에 있는 것이 아니라 목회에 있다는 식으로 왜곡됐다고 지적한다. 우리는 곡식이 무르익은 들판을 바라보며 충만함과 자유를 느낀다. 마찬가지로 교회가 나아가야 할 방향을 생각하며 교회의 목적이 교회 자체를 유지하는 것이 아니라 하느님께서 가리키시는 방향으로 나아가는 것임을 깨달을 때 우리는 진정한 자유를 얻는다. 성가집을 정리하거나 여름성경학교를 준비하는 일 외에도 할 일이 있다는 걸 깨닫게 된다. 『교회 밖 사람들에게 다가가는 법』How to reach secular people의 저자 조지 헌터George Hunter는 교회가 지닌 문제를 '이중 근시안'이라 이름 붙였다. 그는 "서품받은 성직자들, 그리고 교회의 지도자들은 자기 자신이 누구인지 분명히 알지 못하는 듯하다. 그들은 회중도 이해하지 못한다. 선교의 사명은 믿지 않는 이들에게로 전해져 내려왔으므로. 교회의 사명을 감당해야 할 사람들은 선교뿐만 아니라 선교가 펼쳐질 현장, 세상을 바라보지도 못하고 있다"고 일갈했다.[8] 우리는 눈을 떠야 한다. 교회 안으로만 한정되었던 눈을 떠서 세상을 바라보아야 한다.

성령을 따라 선교를 향해

예수가 눈을 떴을 때, 무슨 일이 벌어졌을까? 예수는 눈을 뜨고 세상을 보면서 어마어마한 양의 '해야 할 일'이 있음을 발견했다. 그러나 일꾼이 부족하다는 사실도 깨달았다. (마태 9:36-37) 모든 필요를 충족할 수도 없고, 그래야 할 필요도 없었다. 선교를 향한 열망이 항상 열매를 맺는 건 아니

8 George G. Hunter III, *How to Reach Secular People*, Abingdon Press, 1992, p.108.

다. 선교하는 교회와 마찬가지로, 선교하려는 개인도 어떻게 하면 성령을 따라 선교를 수행할 수 있는지 그 방법을 배워야 한다. 신앙을 붙드는 것이다. 선교가 필요하다는 표지들이 적을지라도, 낮의 구름 기둥과 밤의 불기둥이 희미하더라도 우리는 신앙을 붙들어야 한다.

> 스티븐 코트렐은 열 사람 정도 모이는 수요일 오전 성찬례 집전을 이어받았다. 시간이 지나자 수요일 성찬례 참여자 수는 계속 늘어났는데, 그들 중 몇 명은 주일 성찬례에는 참여하지 않았다. 그는 '주일은 특별하게 지켜야 한다'는 자신의 편견에 맞서야 했다. 나는 이것을 지키기 위해 최선을 다해왔다고 자부한다. 그런데 성령은 그의 앞에서 춤추시며 주일이 아닌 수요일에 복을 주셨다. 그가 민감하게 알아차리지는 못했지만 교회는 개척되고 있었다. 새롭게 예배드리는 장소가 준비된 것은 아니지만, 이곳에서 안정을 느끼고 성장하는 사람들이 있다. 그들은 자신들과 관계 맺은 사람들에게 복음을 전했고, 사람들을 신앙으로 초대했다. 주일이 아닌 수요일에 말이다.[9]

우리는 우리의 편견과 선호 때문에 눈이 멀 수 있다. 눈이 먼 상태에서 실수도 저지를 수 있다. 그러다 지금까지의 경로를 되짚으며 다시 시작해야 하는 막다른 골목에 다다를지도 모른다. 성령을 따라 그의 선교를 수행하는 일이 항상 성공하는 것은 아니다. 성령은 우리를 다양한 방식

---

9 *Encounters on the Edge*, No. 11, p.21.

으로 이끌어 간다. 초기 아일랜드 선교사들은 켈트 문화에 적합한 방식을 취했고, 그것은 매우 효과적이었다. 코라클(켈트 족의 작은 배)에서 기도했고, 바람이 어디서 불어오든 바람이 데려다주는 바로 그 자리에서 선교했다. 혹은 아우구스티누스가 40여 명의 수도사들과 함께 켄트Kent에 다다랐을 때 취한 로마의 방식, 즉 주도적으로 계획과 전략을 세워 움직이고 수정한 뒤 다시 움직이는 방식도 있다. 조앤의 이야기는 아우구스티누스 방식의 좋은 예다.

조앤은 셰필드 시내, 범죄가 많이 일어나는 지역에 살았다. 그녀는 그리스도인이자 젊은 엄마, 미용관리사다. 어느 날 나는 우연찮게 그녀와 대화를 나누게 됐다. 그녀는 자신의 집 근처에 사는 한 여성을 위해 기도하고 있다고 말했다. 그녀는 이 동네에는 삶이 무너지고 상처받은 사람이 많다고도 말했다. "저는 그들을 위해 기도해왔어요. 어떻게 그들에게 하나님의 사랑을 전할 수 있을지 궁금했거든요. 그러다 한 가지 생각을 떠올렸지요. 한두 명씩 우리 집으로 초대해 커피를 대접하거나 무료로 얼굴 화장을 해주기로 했어요. 외모를 가꾸는 일도 그들에게는 큰 도움이 될 거예요. 그들은 정성스레 대접해줄 필요가 있어요. 사랑이 무엇인지 깨달을 수 있도록 말이죠. 벽난로 선반 위에는 작은 십자가 고상을 놓아두었는데, 어쩌면 사람들은 사랑을 알아갈수록 제 삶이 어떻게 변화했는지, 저 십자가의 뜻을 물을지 모르잖아요. 그럼 전 예수의 사랑에 대해 이야기할 기회를 얻을 수 있지 않겠어요?"

켈트 방식이건 아우구스티누스 방식이건 선교를 위한 방식들은 잘 맞아떨어지는 때와 장소를 갖고 있을 것이다. 누군가는 우뇌형 인간이고 누군가는 좌뇌형 인간이라는 말처럼 말이다. 우리에겐 둘 다 필요하다. 그러나 어떤 방식을 취하건 간에 우리가 깊이 신뢰해야 할 대상은 성령이다. 그가 우리에게 무엇을 말씀하고 계시는지 이해하는 방법을 배우는 것, 그가 우리에게 보여주시는 것이 무엇인지 바르게 보는 방법을 배우는 일은 선교를 위한 신앙에 매우 중요한 과업이다.

다음은 마을회관에서 젊은이를 위한 선교를 수행하게 된 기회에 관한 이야기다. 목회자와 교회들은 새로운 기회를 통해 실제 자신들의 눈앞에 펼쳐진 선교의 현장에 대해 깊이 숙고하게 되었다.

> 당신이 두 마을의 지역교회를 관리한다고 해보자. 한 교회는 그리 크지 않고, 나머지 한 교회 역시 매우 빈약한 공동체다. 성 로렌스 교회는 노인 열두 명이 모이는 교회인데 신자들은 매우 전통적인 성찬례를 흠모하던 사람들이다. 성 마리아 교회는 도시에 있는 교회로 30~40명의 출석 교인이 있는 교회다. 당신은 두 곳 모두를 관할해야 하고, 주일 아침마다 한 곳에서 예배를 드린 후 다른 곳으로 달려가야 한다. … 그나마 성 마리아 교회는 살아있는 듯 보였다. 그렇다고 로렌스 교회가 망해가고 있다는 말은 아니다. 시내 중심가 반대편에는 절충적인 예배를 드리며 성장하는 그레이프라이어스 교회가 있었다. 이 교회에는 수백 명의 사람들이 참여하고 있었다. 마을회관은 빠르게 변하는 도시에 이질적으로 존재했다. 도시에 쇼핑

센터가 들어섰고, 일주일에 25만 명이 넘는 쇼핑객이 이 도시를 드나들었다. 교회는 점차 힘을 잃었고 다양한 모습의 술집과 클럽이 모여들었다. 장례식에서나 주고받을 만한 말들이 이 교회들에 꼭 들어맞았다. '인생이 한창일 때, 죽음을 맞는다.'

이 이야기는 마을회관 담당자이자 신학 자문이었던 브라이언 센튼의 이야기다. 그는 성 마리아 교회에서 관상기도를 하던 중에 자신이 처해있는 상황이 이와 같다는 사실을 깨달았다. 마을의 문화가 바뀌고 있었다. 성 로렌스 교회에 대해 숙고하던 중에 그는 '내 자리를 잃더라도 잠시 멈춰서 돌아봐야겠다. 어둠 속으로 들어가서 손을 뻗어 하느님께 맡겨드리자. 이것보다 안전한 방법이 무엇이겠는가'라고 생각했다. 이 이야기에서는 기꺼이 눈앞에 펼쳐진 상황을 지나가게 두는 것이야말로 변화를 맞아들이는 가장 현명한 방법임이 드러난다. 겸손한 마음으로 현실을 파악해 받아들일 때, 우리는 예수를 따를 수 있다.[10]

징후를 읽어내기

성령을 따라 선교한다고 해서 반드시 성공의 결과를 얻게 되는 건 아니다. 조앤이 얻은 결과는 그녀가 예상했던 것과는 다를 수 있다. 그녀가 희망했던 최대치를 넘어선 상황이 펼쳐질지도 모른다. 어쩌면 매우 천천히

10 *Encounters on the Edge*, No. 21, p.2-4.

결과가 나타나고 있는지도 모른다. 아무런 열매가 없을 수도 있다. 어떠한 상황도 명확하지 않다.

마을회관의 사역자들은 어떤 형태의 사역을 펼쳐야 할지 고민하다가 매우 천천히 그 대답을 얻을 수 있었다. 이전에 존재했던 방식들은 현재 상황에 딱 들어맞지 않았다. 계획을 세울 때는 가능할 것 같았는데 그 아이디어들을 막상 실천해보니 아무런 효과도 거두지 못한 적도 많았다. 그러나 질문들을 품고 있어야 한다. 때가 찼을 때, 그 질문에 대한 답을 듣게 될 특정한 순간이 오면 그때까지 난해해 보였던 문제들이 예상 외로 쉽게 해결될지도 모른다.

선교를 펼치는 개인, 혹은 교회는 가파른 학습 곡선을 만난다. 바울의 선교 여행 이야기에 속한 작은 단편은 이를 잘 보여준다. 바울과 동료들은 아시아 지역에서는 설교하지 못했다. 그들이 이 상황을 어떻게 해결했는지를 되짚어보면 매우 유용하고 흥미로운 결과를 얻을 것이다. 그들은 왜 국경을 넘지 못했을까? 그들은 눈앞에 놓인 환경을 해석해냈을까? 기도를 통해 환경을 받아들일 수 있었을까? 그들이 향해야 할 방향에 관한 예언이 존재했을까? 그들의 열망이 시들해진 것일까?

바울과 동료들은 프리기아와 갈라디아 지방을 두루 다니다가 비티니아로 들어가려 했으나 '예수의 성령이 그것을 허락하지 않았다.' 무슨 일인가? 그들이 비자를 발급받지 못한 것일까? 아니면 어떤 국경은 통과하는 게 금지돼 있었을까? 그것도 아니라면 함께 둘러앉아 대화를 나누던 중에 무언가 깨달았다는 말인가? 혹시 타지 사람들에게 매우 부정적이고 적대적인 대접을 받았던 건 아닐까? 어떤 일이 발생했든 간에 그들은 자신들의 움직임에서 예수를 다시 떠올렸다. 그래서 그들은 트로아스로 행선지를 옮겼고, 어느 날 밤 바울은 거기서 마케도니아 사람의 신비한 영상을 마주한다. 그는 바울 앞에 서서 "이리로 와서 우리를 도와주십시오"라고 간청했다. 바울과 동료들은 하느님께서 마케도니아 사람들에게 복음을 전하게 하시려고 자신들을 부르신다고 믿었다. 그리고 마케도니아로 다시 떠났다. 만약 그들이 처한 현실에 좌절하거나 안주해버렸다면, 아무런 실천도 시작하지 않고 주저앉아버렸다면 그 신비로운 영상을 만날 수 있었을까?

실패에서 자유하기

『선교형 교회』는 영국에 있는 교회들에게 용감하게 선교의 노력을 기울이라고 제안했다. 이 보고서는 현재 다양한 교회, 교단, 그리스도교 모임 사이에 선교를 위한 동력이 모이고 있으며 선교의 물결이 일고 있다고 설명한다. 이 책이 제안하는 사항들을 유용하게 활용한다면 당신도 서핑보드에 올라 파도를 타듯이 선교의 파도를 타고 오를 수 있을 것이다. 그리고 다시 기쁜 마음으로 파도를 찾게 될 것이다. 그러나 파도에 올라타는 일은 자연스레 이뤄지는 게 아니다. 교회가 선교에 참여하고자 움직이면 움직일수록 교회의 신앙은 실수나 실패와 마주하게 된다. 우리는 실패를 허락해야 한다. 계속해서 실패하고, 찾고 또 찾아야 하며, 실수를 넘어 다시 도전해야 한다. 제도로 강고해진 교회들은 이렇게 맞닥뜨릴 문제와 상황을 통해 많은 것을 배우게 된다. 눈앞에 닥친 현실이 어떠한지 분명히 깨닫게 될 것이다.

실패로부터 자유로워야 한다. 충분한 연습과 노력, 시행착오가 없다면 얻을 수 있는 기술도 없다. 모든 교회는 실패를 딛고 일어서야 선교의 순례를 떠날 수 있다. 이런 면을 염두에 두면 선교의 순례를 통해 확실한 결과를 얻겠다는 가정은 어리석어 보인다. 성령이 우리를 더 선교적으로, 선교를 향해 나아가게 만드는 과정은 실수와 실패 위에서만 이루어진다. 선교의 사명을 감당하려면 우리는 무엇보다도 배우는 사람이어야 한다. '단순한 일을 반복하고 또 반복하며 다시 시작하는 일' 없이는 어떤 기술도 익힐 수 없다.

예수는 한 호숫가에서 "너를 사람 낚는 어부가 되게 하겠다"라고 말했다. 그는 우리에게 '마술을 부리려 하지 마라'고 덧붙인다. 선교 사명을 감당하는 것, 교회를 더 선교적으로 만드는 일은 마술 지팡이를 흔들어서 될 일이 아니다. 우리는 약속받은 존재가 되기 위해 계획적인 의도를 가지고, 하느님과 동행할 때만 이 사명을 감당할 수 있다. 하느님은 우리의 선생님이시고, 만만찮은 현장은 우리의 교실이다.

이 길에서 얻어야 할 교훈들은 꽤 아플 수 있다. 브리스톨에서 젊은이를 위해 일했던 한 사역자는 "시도하지 않는 것보다 시도하고 실패하는 것이 낫다"[11] 고 말했다. 선교의 순례가 지닌 본성을 이 말보다 더 드러내는 말이 있을까? 우리는 눈을 뜨고 성령이 우리를 이끄시도록 허락해야 한다. 그때 우리는 어떤 가르침을 얻게 될까? 어떤 종류의 모험이 우리 앞에 펼쳐질까? 우리는 어떤 사람이 될까? 우리의 교회는 어떤 모습을 하고 있을까?

---

11 The Revd Nick Crawley, 저자와의 인터뷰, 2005년 6월 1일.

05

순례를 위해 아무것도 지니지 말라

길을 떠나는 데는 아무것도 가지고 가지 마라. 지팡이도 자루도 빵도 은화도 가지고 가지 말고, 속옷도 두 벌씩은 가지고 가지 마라. (루가 9:3)

가볍게 여행하기

예수는 선교 순례를 떠나려는 제자들에게 가볍게 떠나라고 지시했다. 이 장에서는 예수의 명령에 담겨있는 신앙에 대한 몇 가지 사안들을 살피려 한다. 성서학자들은 이 구절을 두고 초기 그리스도교 선교사들이 무거운 짐을 지니고 움직이기 어려웠을 것이라 보고, 그들이 지켜야 할 원칙을 두 가지로 정리한다.[1] 첫째, 선교 여행을 떠난 사람들은 무엇보다도 하느님께서 보여주신 전망을 확실하게 신뢰해야 했을 것이다. 둘째, 선교사들

1 J.C.Fenton, *The Gospel of Matthew*, Penguin, 1963의 p.186에 있는 사례를 참조하라.

은 음식과 잠자리를 제공해줄 '평화의 사람'을 찾기 위해, 다른 이들과 필연적으로 관계를 맺고 있었을 것이다.

짐을 가볍게 하고 여행하라는 명령 속에는 두 가지 의미가 엮여있기도 하다. 두 가지 의미는 우리 시대의 교회가 다시 발견해야 하는 것들이다. 하나는 과거 선교사들이 다른 문화 안에 들어갈 때마다 제국주의적인 태도를 취했다는 경험에 근거한다. 복음을 전하겠다면서 자신의 문화를 강요하는 일은 위험하다. 이러한 경고는 비단 국경 밖으로 떠나는 사람들에게만 해당하는 것은 아니다. 『선교형 교회』가 주장하는 주요 주제 중 하나는 '특정 사람과 문화, 지역을 위해 교회 개척을 하더라도 그 형태와 표현까지 확정해 시작할 수는 없다'는 것이었다.[2] 진정한 선교를 위해서는 어디에서건 경청하는 능력이 필요하다. 선교를 시작했을 때 목표를 설정하고 확인하는 일은 타당하지만, 교회 공동체 자체가 선교로 인해 탄생했음을, 선교로 인해 상황에 알맞은 꼴을 갖췄음을 잊지 말아야 한다. 공동체의 형태를 선교 시작부터 확정할 수 없는 이유다. 이 원칙은 어린 시절부터 '우리가 알던 바로 그 교회'에 안락함을 느끼는 사람들이 선교를 시작했을 때 큰 도전이 된다. 우리 중 누군가는 예수의 말씀을 실현하는 다채로운 방식을 익숙한 꾸러미 바깥에서 찾는 이런 시도들을 불안하게 느낄 수 있다.

또 하나의 의미는 미리 선교의 결과를 예단하려는 태도를 거부해야

2 *Mission-shaped Church*, p.30.

한다는 주장과 관련돼있다. 이러한 태도는 논쟁을 초래할 수 있다. 복음의 메시지 자체가 드러나고 선포될 때, 우리는 빈손일지도 모른다는 것이다. 뒤에서 두 가지 의미에 대해 찬찬히 살펴보기로 하겠다.

하느님의 전망을 신뢰하기: 선교의 시작

선교를 시작할 때 하느님과 주변 동료들에게 물질적인 필요를 온전히 의존하는 일은 21세기 선교에서 불편하게 여겨질지도 모른다. 우리 신앙은 뜬구름 잡는 데서 펼쳐지는 게 아니다. 선교는 현실과 맞닿아 있다. 그리스도교 전통은 돈과 소유, 소위 '맘몬'이 선교를 방해할 수 있고 세상에 팽배한 물질만능주의는 신앙을 짓누른다는 생각, 거꾸로 소유를 줄일수록 풍성한 축복을 받게 되리라는 생각은 현대 세계에서 불편한 고집처럼 느껴진다. 그렇다면 초기 그리스도교 교회의 치유와 선교 이야기에서 등장하는 이 '내려놓음'은 무슨 의미를 지니고 있었을까?

> 은과 금은 내게 없으나, 내게 있는 것을 그대에게 주니, 나사렛 예수 그리스도의 이름으로 [일어나] 걸으시오. (사도 3:6)

> 많은 신도가 다 한마음과 한뜻이 되어서, 아무도 자기 소유를 자기 것이라고 하지 않고, 모든 것을 공동으로 사용하였다. 사도들은 큰 능력으로 주 예수의 부활을 증언하였고, 사람들은 모두 큰 은혜를 받았다. (사도 4:32-33)

돈과 부유함이 위험하다는 생각은 그리스도교 가르침의 이곳저곳에서 발견된다. 이는 예수가 전한 가르침에서 비롯됐다. 초기 그리스도교 교회의 지도자들은 영혼과 관계를 파괴하는 부와 권력의 위험성을 경고했다. 제자들은 '물질을 축적하게 만드는 불안'에서 벗어났고 자유로워졌기에 십일조와 같은 율법의 요구를 뛰어넘어야 했다.[3] 자유는 매우 중대한 요소다. 소비지상주의가 지배하는 문화에서 선교에 참여하려는 그리스도인들에게는 더욱 그렇다. 이 문화에서 선교는 자신들이 받드는 '신'을 바꾸라고 초대하는 일이다. 스큐아의 일곱 아들 이야기가 생생하게 보여주듯 그리스도교의 자유를 수호하려는 이들은 그들 자신이 누구보다도 먼저 자유로워야 한다. (사도 19:13-16) 여기서부터 선교는 시작한다. 예수는 "너희는 하느님과 맘몬을 동시에 섬길 수 없다"라고 예리하게 지적한다.

유스티누스는 독특하고도 자유롭게 사는 그리스도인들에게 관심을 두게 된 이교도들이 어떻게 그리스도인을 향한 폭력과 핍박을 멈추었는지 증언한다.[4] 21세기 사회에서 사는 그리스도인들이 소유에 관해 독특하고 자유로운 태도를 취한다면 사람들이 어떻게 생각할지 매우 궁금하다. 우리는 이런 순례에 참여하고 있으며, 선교에 온전히 참여할 때 더욱 멀리까지 여행하게 될 것이다. 선교를 위해 우선순위를 다시 정하는 과정에서 우리는 우리 자신도 알지 못했던 내면의 자원을 끄집어내게 될 것이다. 누군가는 이를 '되돌아보기'라고 말한다.

---

3 Alan Kleider, *Worship and Evangelism in pre-Christendom*, Grove, 1995, p.34.

4 *Worship and Evangelism*, p.15.

1980년대 초, 셰필드 교구 윈코뱅크의 성 토머스 교회는 도시에 위치한 작은 교회였다. 우리는 하나님께서 교회로 더 많은 사람을 보내시어 교회가 성장하고 교회의 기반시설도 개선, 확충할 수 있으리라 믿었다.

우리는 성직자들과 함께 기도했고 곧 성당 증축사업을 시작하기로 했다. 건축업자가 기초공사를 위해 교회 부지를 파기 시작했을 때 우리는 흥분에 가득 찼다. 그러나 곧 공사에 엄청난 돈이 필요하다는 사실을 깨닫고 충격을 받았다. 깊고 넓게 파인 구덩이만 바라보고 있었다. 우리는 건축업자에게 할부로 돈을 지불하기로 했고, 매번 돈을 지불할 때마다 기도와 금식으로 하나님께 기대는 법을 배워야 했다.

어떤 사람은 희생을 감수하고서라도 이 일에 참여해야 한다고 믿었다. 그는 하나님을 깊이 신뢰하도록 부름받았다. 결혼해 세 자녀를 둔 한 여성은 돈을 벌고 있지 않음에도 3파운드를 가지고 교회에 나왔다. 이 돈은 그녀가 가지고 있던 돈의 전부였다. 그녀는 기쁜 마음에 자신의 전 재산을 바쳤다. 어떤 사람은 다른 사람이 아르바이트까지 하며 건축자금을 보태는 동안, 동료들의 가족을 돌보는 일로 부름받았다. 우리는 험난한 여정을 거쳤지만, 결국 모든 빚을 제때 갚았다.[5)]

세상과 다른 이야기로 살기

신뢰라는 주제에 관해서도, 역시 돈과 소유는 선교에 장애물이 될 수 있

5 마거릿 카운트, 현 셰필드 교구의 글리드레스에 소재한 성 베드로 교회의 교구 목사

다. 1980년대에 한 국제협의회는 단순한 생활방식에 관해 논의하면서 다음과 같은 합의점을 도출했다.

> 책임 있는 생활방식과 책임 있는 증인의 삶은 서로 나뉘지 않는다. 우리의 메시지와 삶이 모순될 때 우리가 전해야 할 메시지는 신뢰를 잃게 된다. 예수가 우리를 탐욕에서 구하지 못한다면 우리가 선포하는 그리스도의 구원은 거짓이다. 우리가 소유에 대해 훌륭한 청지기가 아니라면 우리가 선포하는 예수의 주권은 진실성을 잃는다. 우리가 가난한 사람들에게 마음을 닫는다면 우리가 선포하는 예수의 사랑은 헛된 꿈일 뿐이다.[6)]

복음 전파가 우리의 삶을 정의하는 성서 이야기들로 사람들을 초대하고, 그들의 삶을 뒤틀고 거짓으로 만드는 다른 이야기들을 포기하고 버리며 단념할 수 있게 힘을 실어주는 일이라면, 지역교회들은 선교를 더 전략적으로 수행하기 위해 얼마나 많은 관심을 기울여야 할까?[7)] 돈과 금융, 소유로 가득 찬 곳에 특별한 관심을 쏟으려 할 때 우리는 몇 가지 사안을 주요하게 고려해야 한다. 하느님의 사람들은 약속의 땅을 향해 자유롭게 걷기보다 이집트에서 노예로 사는 일을 더 편안히 여기는 무수한 사람들을 만나왔다. 하느님의 사람들은 그들의 관계 안으로 침투해야 한

---

6 John Stott (ed), *Making Christ Known*, Paternoster Press, 1996, p.148에서 존 스톳 부분을 인용함.

7 *Biblical Perspectives on Evangelism*, p.10.

다. 세계와의 관계 속으로 침투해 하느님의 뜻을 드러내는 교회처럼 우리도 그렇게 침투해야 한다.

> 우리의 상상력은 우리 자신도 모르게 다른 이야기에 푹 젖어있다. 그 이야기는 정치 선동, 광고, 부모의 의중을 통해 끊임없이 개작된다. 우리는 이 이야기들을 주어지는 대로 당연하게 받아들인다.[8]

움직이는 교회

우리는 소유나 지위에 높은 가치를 매기며 이에 충성을 다하고 얽매이는 삶에 아무런 비판도 하지 않은 채, 기꺼이 그 삶에 참여한다. 그 결과 우리 삶 곳곳에는 소유와 지위를 우선시하는 태도가 자리를 차지하게 되었고, 우리가 하느님의 선교를 수행하는 데에는 심각한 제약을 받게 됐다. 아브람은 오늘날의 기준에 따르면 이미 늙었고 많은 것을 소유했으며 자신의 터전에 정착한 사람이었지만 하느님의 부름에 순종할 만큼 자유를 품고 있기도 했다. (창세 12:1-5) 반면에 복음서에 등장하는 한 젊은 부자는 부름을 받고도 순종하지 못했다. (마태 19:16-30)

> 2000년 3월 27일, 셰필드 교구 채플타운에 자리한 성 요한 교회는 보험회사로부터 건물이 너무 낡아 위험하다며 문을 닫으라는 권고를 받았다. 교

---

8 *Biblical Perspectives on Evangelism*, p.11.

회 구성원들은 지역 내에 다른 장소를 찾아 예배당을 옮겼고, 목회자와 교회위원들은 안전모를 쓰고 교회 건물 안에 들어가 필요해 보이는 것들을 상자에 담았다. 무엇이 필요했을까? 교회가 되기 위해 필요한 것은 무엇일까? 그들이 던진 질문이었다. 그들은 플라스틱 상자 두 개를 가득 채웠다. 하나의 상자에는 성찬을 위한 도구가 담겼다. 성찬에 쓰는 성작, 성찬에 관한 책들, 흰색 제대보, 작은 초 받침들이었다. 다른 상자에는 세례를 위한 물품, 즉 전례예식서, 초, 도자기 그릇, 조그만 수건 등이 담겨있었다. 두 상자에 담아 온 물건들로 성찬 식탁을 차렸고 부활절 초를 세웠다. 모든 것이 제자리에 서있었다. 이것이 움직이는 교회의 시작이다.

이 글에서 교회 지도자들이 암시하는 교회가 되기 위한 요소는 무엇인가? 우리가 하느님께 사랑받는 존재임을 확인하는 것이다. 하느님의 사람들은 하느님과 맺은 관계를 신뢰해야 한다. 맘몬으로 인해 생긴 극도의 불안을 넘어서야 한다. 한 교구 담당자는 자신이 담당하는 교구의 재정 상태가 어떤지를 들었을 때 “사람들이 예수를 안다면 베풀어줄 것이다. 그렇지 않다면 아닌 것이고”라고 결론을 내렸다. 교회의 지도자들 역시 돈에 대한 교회의 태도를 행동으로 보여주어야 한다. 이는 매우 중요하다. 정기적으로 들어오는 십일조, 봉사활동과 무료로 나눠주는 물품들, 건물 공사에 관한 회의 때마다 재정 문제로 대화가 잠식되지 않는지, 지역의 다른 교회들과 자원을 공유하고 있는지를 진지하게 돌아보아야 한다. 우리 역시 교회의 한 가족으로서 교회에 야박하게 굴고 있지는 않은지 우리 자신을 점검해야 한다.

야박하고 못되게 구는 것은 두려울 때 나오는 반응이다. 반면 관대함은 신뢰의 표식이다. 교회는 물질적으로 여유가 없을 때도 시간과 돈, 환대, 좋은 먹을거리를 나눌 수 있어야 한다. 이러한 교회가 따듯한 교회이고 은총을 가득히 받은 교회다. 우리도 이런 교회의 일부가 되어야 한다.

그리스도교 교회가 선교의 순례를 위해 소유에 대한 집착을 버리고, 가볍게 떠나는 일에 순종할 때 어떤 일이 벌어질까? 우리는 기꺼이 움직이며 자유를 얻고 이 세상과는 다른 이야기로 사는 데 기쁨을 느낄 것이다. 선교를 이루는 영성을 가지면, 하느님께 물질적으로 풍성하게 축복해 달라는 요구를 더는 하지 않아도 될 것이다. 교회는 더 자유로워지고 기쁨으로 가득 찬다. 우리는 하느님께 의지하고 그분을 더욱 신뢰하는 우리 자신을 발견하게 될 것이다.

제한된 자원은 연결을 만든다

순례를 위해 아무것도 지니지 말라는 예수의 지시에 담겨있는 두 번째 원칙에 따르면, 선교사들은 무언가 없거나 부족할 때 자신들이 섬기는 현지 공동체와 깊은 유대감을 형성할 수 있다. 아무것도 지니지 않는다는 말은 그들이 만나는 사람들에게 의지하겠다는 뜻이다. 선교사들은 제한된 자원을 가지고 활동하기에 자신을 돕는 평화의 사람을 찾을 수밖에 없다. 이 과정을 거치면 선교사들이 만나온 작은 공동체들은 서로 연결된다. 포스트모던 사회에서는 이러한 움직임을 '흐름'flow이라는 단어로 설명한다. 선교사들이 공동체와 거리를 두고 자급자족하면서 선교의 토대를 세우기는 거의 불가능하다. 그들은 기대어 살아야 하고, 그들의 삶은 공동체와 함께하는 것이어야 한다. 물이 자연스레 아래로 흐르듯 복음의 강물은 흘러가야 한다.

선교를 이루는 영성은 이 세계에서 따로 떨어져 있는 것이 아니다. 오히려 우리가 발 담그고 있는 세계의 인간 관계망에 깊이 엮여있다. 우리는 두려움을 이겨내고 이 세상의 관계들에 더 가까이, 더 자세히, 더 분명히 다가갈 방법을 배워 나가야 한다. 그리스도교 교회는 선교사들을 지탱할 평화의 사람들로 가득 찬 공동체여야 한다. 선교사들의 친구가 되어주고, 세상의 어떠한 억압에도 저항하며, 주는 것만큼 받는 일에도 열려있어야 한다. 선교적인 공동체는 이러한 역할을 통해 자신의 깊이와 훌륭함을 드러낸다. "그때에 한 사마리아 여자가 물을 길으러 나왔다. 예수께서 그를 보시고 물을 좀 달라고 청하셨다." (요한 4:7) 예수는 사마리아 여인에게 도움을 받으셨다. 서로에게 기대는 이 관계는 진정한 만남과 대화를 위한 기초다.

2001년 돈캐스터 근처 스테인포스에 위치한 성 마리아 교회는 지역 보건 종사자, 사회복지사, 그리고 중독자 가족들과 함께 마약 중독 재활모임을 지원했다. 2년 동안 활발한 활동으로 많은 자금을 모았고 마약 중독자들을 위한 정식 진료, 재활 프로젝트를 수행할 수 있게 되었다. 1년에 100명이 넘는 헤로인 복용자들이 프로젝트에 참여했고, 2005년 무렵에는 알코올 중독자를 위한 프로젝트를 두 개나 신설해 운영하게 되었다. 이제 이 프로젝트는 스탠드STAND(알코올과 마약에 저항하는 스테인포스Stainforth Tackling Alcohol N Drugs)라 불린다. 이 명칭은 중독 문제를 해결하려 프로젝트에 참여했던 한 사람이 제안한 이름이었다. 이 이름에 위대한 복음, 신약성서의 메아리가 깊게 울려 퍼지고 있다.

프로젝트가 시작된 지 5년이 되던 때, 스탠드는 새로운 가능성을 모색하고 있었다. 2005년 12월 초, 스탠드 참여자 대표들이 특별한 요구사항을 가지고 교회를 찾아왔다. 그들은 교회 신자들이 성탄절 기간에 프로젝트에 참여하는 노숙인들에게 수프를 만들어 나눠줄 수 있는지를 물었다. 교회에는 훌륭한 요리 솜씨를 지닌, 그리고 봉사를 위한 조직을 뛰어나게 운영할 만한 한 여성이 있었다. 그녀는 매주 두 번, 수요일과 일요일 오후 5시에 집에서 먹을 법한 음식을 준비해 참여자들을 찾았다. 그녀는 두 달 동안 봉사를 진행했고, 굳이 노숙인이 아니더라도 프로젝트에 참여하는 가난한 이들이라면 누구나 식사할 수 있도록 환대했다. 참여자 대표들은 그녀의 제안에 매우 기뻐했다. 교회위원회는 교회 주방과 예복실을 새로운 사역에 활용할 수 있도록 개방했다. 그 여성은 집에서 음식을 준비해 와서 교회 주방에서 따듯하게 데우곤 했다. 또 교회위원회는 이 활동에 도움을 주기 위해 200파운드를 따로 준비했다. 다른 신자들은 새로운 사역을 돕기 위해 작은 선물들을 마련하기도 했다.

12월 18일, 성탄 축하 예배가 있던 날부터 새로운 사역은 시작됐다. 처음에는 겨우 두 명의 참여자만이 교회에 들렀지만, 몇 주가 지나자 소문이 돌았고 더 많은 사람이 교회를 찾았다. 3주쯤 지났을 때 우리는 매주 두 번씩 15명 정도의 손님에게 식사를 대접했다. 손님들이 데리고 온 아이들까지 합하면 25명 정도 되는 인원이었다. 식사 때마다 멋진 덮개나 양초를 사용해 식당을 특별하게 꾸몄다. 봉사자들은 식사하러 온 참여자들을 따뜻하게 맞이했고 그들과 대화를 나누었다. 식사를 하는 공간에 사랑과 자비가 가득했다.

관계는 주고받는 것이다. 교회는 그들에게 주었고, 동시에 받았다. 새로운 사역은 아무 조건 없이 그냥 주는 것을 원칙으로 삼았다. 아주 단순했다. 봉사자들은 진심을 다해 참여자들을 맞이했고 호의를 베풀었다. 교회 바깥에 설치된 기물이 파손됐을 때 저녁식사에 참석했던 두 명의 손님이 밤새 기물이 무너지지 않도록 보초를 선 적도 있다. 지역 비즈니스 포럼에서는 우리 프로젝트에 관해 듣고 우리를 초대해 프로젝트에 대한 기사를 써서 새로운 사역을 지속할 수 있는 도움을 주기도 했다.

프로젝트가 진행되는 동안 몇몇 사람들은 신앙을 갖게 되었다. 두 명 정도는 재활 시설에 머물면서 신앙을 키워갔다. 어떤 사람은 교회에서 진행하는 상담에 참여했고, 세상을 떠난 이를 위해 켜던 초를 자신도 켤 수 있는지 물어왔다. 우리는 최근 영적 성장을 위한 40일 과정의 강의를 시작했고, 우리의 한 손님은 『목적이 이끄는 삶』을 읽겠다며 빌려가기도 했다.[9)]

---

9 Andrew Alington, 돈캐스터 스테인포스 성 마리아 교회 목사.

아무것도 지니지 말고, 가서 살아라

아무것도 지니지 말라는 예수의 지시가 담고 있는 세 번째 원칙은 그리스도교 교회에 대한 과도한 '이해', '자의식'을 내려놓으라는 것이다. 네트워크 교회는 '가서 사는' 방식을 권한다. 『선교형 교회』의 저자는 복음과 교회를 다양한 삶의 방식에 존재하는 실제 상황에 견준다. 물론 완전 빈털터리로 살아가라는 말은 아니다.

> 교회 개척을 하는 이들(새로운 공동체를 시작하고 유지하려는 사람들)은 신앙과 교회에 대한 나름의 이해를 갖고 있다. 물론 그들은 빈손으로 시작하지 않는다. 그러나 두 귀를 활짝 열어야 한다. 물려받은 그리스도교 전통이 오늘날 상황에 어떻게 적용될 수 있을지를 식별하기 전에 상황과 세상에 귀를 기울여야 한다. 복음의 씨앗이 문화에 뿌리를 내리고 교회의 모양을 갖춰가기 전에 선교가 먼저 이루어져야 한다.[10]

그리스도교의 짐들을 과하게 짊어지지 않고 여행에 몸을 맡기는 일은 우리 모두에게 도전이 될 것이다.

2003년 9월, 우리는 세필드의 성 토머스 교회 지도자가 되었다. 우리는 성

---

10 *Mission-shaped Church*, p.105.

탄절 기간에 그리스도교인들만 모이는 대신 이미 관계를 맺고 있던 '교회를 떠난 사람들'과 '아직 그리스도인이 되지 않은 사람들'에 집중하기로 했다. 이 사람들 대다수는 성 토머스 교회를 다니다가 떠난 사람들로, 포스트모던 문화에 익숙하고 교회 안에 머무는 것을 불편해했다. 우리는 예상하지 못했던 방법으로 순례를 시작했다.

우리는 전통적인 교회 출신이었기에 교회의 양육 프로그램인 '삶 형성하기'lifeshapes에 나오는 표현들에 익숙했다. 하지만 우리가 만나는 사람들은 이 표현들을 견디지 못했다. 그들은 우리가 사용하는 말들이 무례하고 강압적이며 자신들을 억압한다고 느꼈다. 우리는 여전히 우리들이 사용하는 표현의 가치를 믿었지만 그들과 대화하기 위해서 '형성'이라는 단어조차 말하지 않았다. 대신 우리가 사는 문화에 수용될 만한 영적 표현들을 새로 만들어야 했다. 특히 예배에 관해서는 깊이 돌아볼 필요가 있었다. 언급할 필요도 없이 예배 시간에 기타를 연주하는 사람은 놀림을 받을 게 뻔했다.

우리는 그들과 주로 금요일에 열리는 영화의 밤에서 만났다. 누군가 영화를 가져오고 왜 이 영화를 선택했는지 설명한 뒤 모두 함께 시청했다. 열린 토론, 격의 없는 대화가 이어졌다. 때로 이야기는 하나님과 연결되기도 했지만 거의 찾아보기 어려운 일이었다. 교회 신자 중에 영화의 밤을 신앙적인 측면에서 중요하게 생각하는 이는 별로 없었다. 그러나 그 시간은 하느님께서 부르신 사람들의 모임이라는 면에서, 의미를 되새기고 조용한 침묵을 이끌며 함께 대화를 나누는 새로운 의미의 예배였다. 모임에 참여하는 몇몇 사람은 그리스도인이 된 적이 없었고, 여전히 아니며, 우리를 자신들의 지도자로 여기지도 않았다. 그렇지만 그들은 교회 안에서 진행되는 이 프로그램을 통해 행복해했고, 하느님께서 이끄시는 여정에 기꺼이 참여했다. 이 모든 일은 성령이 어떻게 일하시는지에 대한 우리의 개념을 뒤흔드는 도전이었다. 마침내 그들의 삶의 방식은 예상치 못했던 모습으로 변했다.

교회에는 여러 가지 형태의 신앙 모임이 있었지만, 이 모임들이 교회 밖 사람들이 유쾌하게 참여할 만한 기회를 제공하지는 않았다. 그래서 우리는 포커 게임, 축구, 영화를 재료로 삼았다. 바로 그것이 공동체가 삶을 영위하는 도구였기 때문이다. 우리는 사실 이 중 어느 것에도 큰 관심을 두지 않았었다. 하지만 이제 우리는 '교회가 불특정 다수에게 가르침을 전한다'는 강박에 휩싸이지 않고, 우리와 함께 만나는 사람들 속으로 들어가 서로를 통해 배우기로 마음먹었다. 이 사람들 덕에 우리 교회의 삶은 바뀌었다. 앨런 제이미슨은 우리가 '간이역'에 잠시 멈춘 것이라고 말했다. 몇 사람은 다른 교회에 나갔고 몇 사람은 여전히 교회에 나가지 않는다. 그러나 우리는 고통과 의심을 함께 견딘 예수의 제자들이었다. 모임에 참여했던 사람들은 여전히 우리의 친근한 이웃으로 지낸다.[11]

선교를 위해 아무것도 지니지 말라는 말에는 교회가 선입견이나 편견을 내려놓으라는 뜻도 포함돼 있다. 일종의 문화적 제국주의를 거부하라는 말이고, 교회의 신앙이 예배나 신앙활동을 통해서만 표현되어야 한

11 Lauren Keith, 'How we went and had to let go', 2006.

다는 강박에서 벗어나라는 말인 것이다.

자유와 신뢰

교회가 복음을 선포하는 공동체로 자라나려면 충분한 자유와 신뢰가 필요하다. 1960년대 마사이 족을 찾아 들어가 사역했던 빈센트 도노반Vincent Donovan은 교회가 무언가 취하려는 유혹에 저항해야 한다는 사실을 배우면서 아무것도 지니지 않는 일에 대해 이렇게 말했다.

> 교회 개척과 교회 설립은 선교적인 일로 설명되곤 하지만 이런 설명은 복음이 선포된 후에 성취할 결과를 미리 결정해 놓기 때문에 오해의 소지가 있다. 선교사는 이미 존재하는 다른 교회에서 왔기 때문에 자신이 경험한 것과 비슷한 교회를 세우려 한다. 그러나 나는 선교사들이 교회가 아니라 그리스도를 선포해야 한다고 생각한다. 선교사들이 그리스도, 그리스도교의 메시지를 선포한다면 결과적으로 교회는 자연스럽게 나타날 것이다. 그러나 그 교회의 모습은 선교사에게 익숙한 교회와는 판이한 모습을 하고 있을 것이다.[12)]

마사이 족이라는 교회 밖 공동체에서 이뤄진 도노반의 순례는 기존 그리스도교 역사에 포섭되지 않는 형태의 교회를 떠올리게 했다.

---

12 Vincent Donovan, *Christianity Rediscovered*, SCM Press, 1982, p.81.

『선교형 교회』에는 새로운 상황에 적합한 교회론이 부족하기에 이 책이 전하는 중심 생각은 세속적인 그리스도교 공동체들에서 적용하거나 실천하기가 쉽지 않았다. 도노반은 세속적인 공동체에 복음의 씨앗이 뿌려진 후 교회가 어떻게 발전되어가는지를 생생하게 묘사한다. 그는 복음을 접한 토착민들이 복음에 대한 반응을 스스로 해결하도록 남겨두었다.

도노반의 작업에서 눈여겨볼 대목은 자유에 관한 것이다. 우리는 복음의 언어를 들은 사람들이 스스로 반응을 보이도록, 그들을 굳게 신뢰해야 한다. 예수의 말을 듣고도 그를 따르지 않았던 부자 청년처럼 사람들은 복음을 거부할 수도 있다. 선교를 이루는 영성을 품은 사람이 가지는 내면의 자유는 구도자와 탐색하는 이들에게 관대한 공간을 제공한다. 그들의 의심과 질문이 턱 밑까지 차오를 때도 집에 누워있는 듯한 편안함을 느껴야 한다.

복음을 '판매'하려는 전략과 복음에 관한 거대 담론들이 판을 치는 상황에서 섣불리 사람들의 마음을 휘어잡으려 하지 않는 태도는 매우 중요하다. 선교사들은 오히려 다른 이의 영향 아래로 들어가 자신의 행위에 행여나 있을지도 모를 강압적인 태도를 덜어내고, 복음을 듣는 사람들이 어떤 반응을 하든 그들을 자유롭게 둘 수 있어야 한다.

자유를 지니고, 복음을 들은 사람들이 스스로 움직이게끔 신뢰하는 일의 핵심에는 선교와 복음 전도가 하느님의 일이라는 믿음이 있다. 우리가 진정으로 성령의 권능이 함께함을 믿는다면 상대방을 개종시키려 애쓰기보다 더 가벼운 마음으로, 진실한 말과 행동으로 우리가 받은 그대로의 복음을 선포할 것이다.

선포할 때는 빈손으로

우리가 받은 그대로의 복음이란 무엇일까? 선교를 위해 움직이는 사람들이 전해야 할 메시지를 가지고 있을 때, 아무것도 지니지 말라는 말은 무슨 의미일까? 우리는 이미 예수는 다시 살아났고, 우리의 주님이라는 믿음을 가지고 교회 밖으로 나온 것이 아닌가?

앞서 언급했듯 우리에게는 역사, 전통, 전해진 신앙이 있음을 인정해야 한다. 우리는 이미 무언가 가지고 있다. 그리스도교 선교의 역사에서 '아무것도 지니지 않음'은 신앙적인 빈털터리로 살라는 것이 아니라, 복음을 어떤 일괄적인 '복음 꾸러미'에 우겨 넣는 일을 거부하라는 뜻이다. 우리 중 누군가는 '광신'이라 부를 만한 신앙을 가진 이들과 대화를 나눈 경험을 가지고 있을지도 모른다. 그들은 관계나 협상의 측면에는 아랑곳하지 않고, 자기가 가진 꾸러미 안의 내용물을 꺼내 당신 앞에 늘어놓았을 것이다. 그들은 자신들의 복음 꾸러미의 수취인이 누구인지 전혀 신경 쓰지 않는다. 어쩌면 이렇게 꽉 막힌 복음 꾸러미를 가진 이들은 깊은 두려움과 불안을 느끼고 있는지도 모른다. 꾸러미를 빨리 전해주고 일을 끝내버리고 싶은 마음을 가진 것이다.

선교 영성을 가진 사람, 선교의 순례를 떠난 사람이 갖추어야 할 근본적인 태도는 선입견을 버리는 것이다. 선입견에서 자유로워졌을 때 진정한 순례는 시작된다. 아무것도 지니지 않은 채 떠나는 순례는 만나게 될 사람의 맥락, 그가 처한 상황, 배경들에 주의를 기울이는 데서 출발한다. 우리에겐 경청하는 영성이 필요하다. 우리가 선교를 위해 만날 사람뿐만 아니라 성령이 무슨 이야기를 하시는지 깊게 경청해야 한다. 우리는 성령께 "무엇을 들어야 할까요? 하느님께서 주신 은총의 선물 중에서 무엇을 나누어야 할까요? 기도를 해야 할까요? 물 한 잔이면 충분할까요? 예수에 관해 말해야 하나요? 위로의 말을 나눌까요? 아니면 조용히 다독여줘야 할까요? 식사를 함께 나눌까요? 혹은 저 사람이 제게 나누려 하는 것이 있을까요?"와 같은 질문을 던져보아야 한다.

두렵고 떨리는 일이었다. 성 마리아 교회에 속한 우리는 성탄 예배에 찾아온 사람들이 누구인지 찬찬히 확인해야 했다. 우리는 얼마 전부터 알파 코스와 스타트 코스를 운영하려 시도했지만 교인들은 별다른 관심을 보이지 않았다. 사람들이 준비되지 않은 채 너무 이르게 프로그램들을 도입했고, 몇몇 강의는 삶의 위기에 처한 사람들에게 공식을 주입하는 것만 같았다. 그래서 우리는 태도를 바꿔 참여자들의 질문을 경청하기로 했다. 목회자인 나는 '누가 오기나 할까?' '저 사람들은 자신의 아픔에 밀접하게 연결된 질문을 던질 수 있을까?' '목회나 신학에 관한 까다로운 질문만 쏟아지면 어떻게 하지?' '그 모든 걸 나 혼자 감당할 수 있을까?' 하고 생각했었다.

마지못해 두 번의 저녁 시간을 할애해 자리를 마련했다. 한번은 질문을 듣는 시간이었고, 그다음에는 그리스도교적인 대답을 해줄 참이었다. 우리는 먼저 '우리가 어디에서 왔는지'에 대해 솔직해져보기로 했다. 교회 입구 공간에 모여 다과를 나누었다. 여섯 개의 테이블에 둘러앉아 유쾌하게 대화를 나누기 시작했다. 나는 "네 살짜리 꼬마가 하루에 470개나 되는 질문을 한다는 걸 알고 계시나요?" 하고 운을 뗐다. 그리고 질문이 중요한 이유와 하느님은 우리의 어떤 질문이라도 기쁘게 받아 안으실 것이라는 설명을 5분가량 이어갔다. 사람들은 이후 40분 동안 자신들이 가진 질문을 나누고 함께 피자를 먹었다. 테이블마다 던져진 질문들을 종이에 적어 놓도록 했다.

두 번째 저녁, 여러 질문은 중대한 질문 하나로 모였다. 고통에 관한 것이었다. 질문을 나눈 두 번의 저녁 시간 이후 사람들은 다시 모였다. 총 아홉 번의 모임 후에 그들은 그리스도교의 기초 신앙에 대해 배우기를 원했다. 그제야 우리는 스타트 코스를 시작했다. 부활절이 다가오는 시점에 모든 코스는 끝이 났다. 나는 과정을 마친 후, 어떤 계획을 세우기에 앞서 사람들에게 다시 물었다. "자, 이제 다음은 어떻게 할까요?"[13]

빈손으로 선교를 위한 여행에 참여하면 세 가지 자산을 얻게 된다. 첫째, 선교하는 공동체가 '하느님께서 자신들과 함께 하신다'는 사실에 전적으로 의지하게 된다. 선교를 펼치려는 사람은 성령의 권능을 덧입어 하느님의 사랑으로 들어가야 한다. 성령이 선교활동의 역동과 참여를 이끌

---

13 Mark Tanner 목사와의 대화, 돈캐스터 성 마리아 교회, 2006년 3월 10일.

어낼 것이다. 둘째, 성령에 전적으로 의지할 때 우리는 만나는 사람과 깊은 관계를 맺게 될 것이고, 서로에게 적합하고 필요한 것들을 나눌 것이다. 헐벗은 사람에게 필요한 것은 종교적인 좋은 말이 아니라 그를 따뜻하게 해줄 옷이다. (야고 2:14-17) 셋째, 선교는 모험이 된다. 선교의 모험은 정해진 수취인에게 꾸러미를 건네는 일이 아니라, 훨씬 더 유동적이고 흥미로우며 창조적인 도전이 된다. 우리는 빈손으로 순례할 때 하느님의 사랑에 둘러싸인 참된 기쁨을 느끼게 될 것이다.

06

둘씩 짝지어

주께서 … 제자를 뽑아 앞으로 찾아가실 여러 마을과 고장으로
… 둘씩 짝지어 보내셨다. (루가 10:1)

공동체의 신뢰

성령의 능력 안에 머무는 그리스도교 공동체는 자신들의 연약함과 죄에도 불구하고, 그리스도의 증인이며 하느님 나라를 가리키는 표지다. 이 공동체는 무언가를 지배하는 능력이 아니라 변화시키는 능력을 갖고 있으며, 공동체는 단순히 바라보아야 할 표지가 아니라 함께 살아 숨 쉬어야 할 표지다. 그리스도교 공동체가 누군가를 받아들일 때 그 사람에게는 치유가 일어나며, 지역사회는 교회의 활동을 통해 변화할 수 있다.

이제 교회 자신이 '교회가 무엇인지' 기억해낼 때다. 교회가 교회다운 모습으로 존재하며 세상을 치유하는 능력을 드러내야 할 때다. '좋은'

공동체는 그 자체가 치유와 변화의 매개가 된다. 오늘날 교회는 포스트모던 문화에 어떻게 다가서야 할지 걱정하고 불안해한다. 그러나 터전이 흔들리는 이때가 곧 기회다. 두려움과 불안에 사로잡혀서는 안 된다. 불안은 우리가 문화와 대화할 수 있을지 신뢰하지 못하기 때문에 생기는 것이다. 많은 교회들이 포스트모던 문화를 마치 이스라엘 백성을 두려움에 떨게 했던 골리앗쯤으로 여긴다. 우리는 코앞에 닥친 문화의 도전에 어떻게 대응해야 할까? 교회와 문화 사이에 놓인 엄청난 간극을 어떻게 극복해야 할까? 우리가 이 고민에 천착하기 전에 명심해야 할 사실이 있다. 포스트모던 문화에 심취한 사람들도 우리와 같은 사람이라는 점이다. 그들도 살과 피를 가지고 있고, 그들 역시 울고 웃는다. 그들도 출발하는 버스를 잡아타기 위해 땀 흘리며 뛰고 숨을 몰아쉰다. 두려움이 엄습할 때는 심장이 빠르게 요동칠 것이다. 그들도 누군가가 자신을 좋아하기를 바라고, 허기를 느끼면 냉장고에서 간식을 찾는다. 그리고 금요일이 다가오면 우리와 마찬가지로 기뻐할 것이다.

틈새 잇기

교회와 포스트모던한 사람들을 연결하려 할 때는 예수께서 자신이 속한 문화에서 사용했던 연결 방식을 참고해야 한다. 예수에게서 드러난 인간성, 참된 인간의 모습은 시대를 막론하고 설득력을 갖는다. 우리는 참된 인간성의 역할을 신뢰해야 한다. 우리는 인간성을 통해 다른 이와 연결

된다. 그리스도인들의 인간성이 더욱 진실할수록, 우리는 우리 자신의 모습 그대로 편안하게 존재한다. 그리스도교 공동체가 참된 인간성을 밝히 드러내는 공간이 된다면, 그들의 증언은 더 설득력이 있게 될 것이다.

우리가 『선교형 교회』를 따라 선교를 위해 나아가려 할 때, 우리는 우리가 만나는 사람들과 인격적으로 연결되고 그들과 교제를 나눌 장소를 찾아야 한다. 예수는 자신의 무리를 돕는 평화의 사람들과 연결되고, 제자들을 둘씩 짝지어 공동체들 사이를 이었다. 골리앗 앞에 선 우리의 모습은 초라해 보일지도 모르나, 우리는 신뢰를 가지고 나아가야 한다. 우리는 좋은 것, 소망과 가치로 가득 찬 복음을 지니고 있다. 누구보다도 먼저 우리 자신이 이 진실을 굳게 믿어야 한다.

둘씩 짝지어, 작지만 효과적으로

둘씩 짝지어 파송된 사람들의 수는 적다. 초창기 선교사들은 인구가 제법 모여있는 동네와 마을로 보내졌다. 그들은 하느님 나라의 메시지를 전해야 했지만, 그들 자신이 선교의 전문가들은 아니었다. 하지만 그들은 참된 인간성의 모습, 예수를 통해 깨닫게 된 참된 인간성이라는 강력한 수단을 통해 효과적으로 활동할 수 있었다.

나는 2002년 돈캐스터로 이사한 후, 내가 살아갈 이 지역에 대해 더 알기를 원했다. 그래서 한 친구에게 마을 곳곳을 소개해달라고 부탁했다. 내가 관심을 가진 지역에는 홍등가도 포함돼있었다. 비가 쏟아져 내리던 어느 날 밤, 홍등가 거리를 돌아다니며 복음을 전할 어린 소녀를 만나기를 기도했다. 이 일에 관심을 가지면서 나는 몇 가지 충격적인 사실을 발견했다. 홍등가의 대다수 여성이 미성년자이며 헤로인 중독자라는 사실이다. 포주는 마약 중독을 족쇄 삼아 여성들을 옥죄고 있었다. 그리고 또 하나, 홍등가 여성들 사이에 아주 소박하지만 빠른 속도로 퍼져나가는 어떤 일이 일어나고 있었다.

> 타운 센터에 있는 오순절 계통의 교회를 다니는 여성 신자 둘이 홍등가 길을 지나며 서로에게 물었다. “우리는 여기서 무슨 일을 할 수 있을까요? 이곳에 있는 여성 대다수가 미성년자들인데 이 아이들을 그냥 지나쳐 교회로 가서 하느님을 아버지라 부르고 예배를 드린다는 게 정말 힘들었어요. 하지만 우리가 할 수 있는 일이란 게 있을까요? 우리는 마약에 대해서도 전혀 모르고, 홍등가의 일에 대해서도 아는 게 없는데 대체 무슨 일을 할 수 있을까요?” 고심 끝에 그녀들은 자신들이 할 수 있는 일을 찾았다. 보온병 두 개에 따뜻한 커피를 담은 뒤 길가의 소녀들에게 한 잔씩 나눠줬다. “춥지 않아요? 여기 따뜻한 커피 한 잔 마시고 가세요.” 그녀들은 그렇게 시작했다. 커피를 나눠주는 일은 점점 커져서 지금은 성매매 여성들을 위한 보건 상담소가 세워졌다. 홍등가 여성들은 몸에 이상이 생기면 걱정 없이 이곳을 찾아왔다. 혹여나 자신들의 일을 그만두고 싶어질 때, 상담소 직원들은 그들을 위한 방안을 함께 찾아주기도 했다. 몇몇 성매매 여성들은 신앙을 갖게 되었다. 이 모든 일이 긍휼의 눈으로 시작한 작디작은 선교에서 출

발했다. 둘씩 짝지어 보온병 두 개에 커피를 담아, 사람에 대한 진실한 사랑을 품었던 것이 전부였다.[1]

둘씩 짝지어 선교할 때, 그 두 사람은 사람 두 명을 합한 것보다 더 큰 힘을 발휘할 수 있다. 복음을 따르는 일은 그리스도교의 특정한 교조를 받드는 일이 아니라, 삼위일체 하나님의 삶에서 시작하는 사랑의 흐름에 동참하는 일이다. 둘씩 짝지어 나아가는 사람들의 역할은 거룩한 삶으로 사람들을 초대하고, 그들이 편한 마음으로 나아올 수 있도록 만남의 매개체가 되는 것이다. 선교형 교회 운동에 열정적으로 참여한 한 사람은 선교란 근본적으로 관계에 대한 것이라고 말했다.

> 하느님이 이끄시는 공동체의 선물이 인간 경험 속으로 거룩하게 침투하는 일이 바로 복음이다. 신약성서에서 선교는 대부분 팀을 이룬 사람들에 의해 진행되었다는 데 이의를 제기할 사람은 없을 것이다.[2]

성령의 활동을 따라 움직이는 공동체는 자비와 회복력이 넘친다. 그들이 가진 선물은 복음이 진실하게 울려 퍼질 상황을 만든다. 복음을 전하는 데 부족해 보이는 모습까지 환영하는 법을 배우기 시작한 사람들,

---

1 Netherhall Community Chuch, Doncaster.

2 David W. Shenk and Ervin R. Stuzman, *Creating Communities of the Kingdom*, Herald Press, 1988, p.42.

그들을 통해 복음이 구체적인 육체를 입고 표현될 때 사람들은 복음이 설득력이 있다고 받아들이게 된다. 세상을 용서하는 복음은 용서를 배우기 시작한 무리를 통해 진정한 모습으로 선포된다. 다른 이의 모습이 아닌 나 자신의 모습으로 존재할 수 있다는 기쁜 소식은 가면 없이 사는 법을 배우기 시작한 무리들을 통해 더 세세하고 구체적으로 전달된다. 하느님 나라가 전하는 충격적인 윤리들은 그것을 삶으로 살아내려 애쓸 때 실현되기 시작할 것이고 결국 완성될 것이다.

질적인 문제들

공동체의 삶을 통해 선교를 위한 관계가 만들어진다면 교회 지도자들은 이를 위해 어떤 준비를 해야 할까? 무엇보다도 먼저 지역교회 내부의 작은 모임들을 변화시켜나가야 한다. 공동체의 삶에서 가장 중요하게 다루어야 할 사안은 공동체 삶의 질적인 부분이다.[3)]

『선교형 교회』는 제자도 훈련이든 관계를 통해 시작하는 선교든 간에 가장 중요한 것은 작은 모임이라고 말한다. 작은 모임은 교회의 새로운 표현들이 갖고 있는 공통적인 특징이다.

카페 교회의 선교는 관계를 중심에 둔다. 거기서 진행하는 프로그램은 알

3 Steven Croft, *Transforming Communities*, Darton, Longman & Todd, 2002, p.71.

파 코스와 같이 소규모로 이루어지는 모임 경험과 주일 대예배 때 다수의 사람들이 드리는 예배 경험의 간극을 좁힌다. 사람들은 서로 둘러앉아 이야기에 참여하고 서로의 말에 응답하는 것을 편안하게 여긴다.[4)]

우리의 선교에서 관계를 형성하는 일보다 더 확실하고 중시해야 할 일은 없다. 선교를 목표로 삼은 사람들은 자신들의 교회가 전통적인 느낌을 지니고 있든 새로운 표현의 감수성을 갖고 있든 상관없이 공동체 삶의 질적인 부분에 관심을 기울여야 한다.

관계망 깨닫기

복음 전파와 관련해 신약성서에 등장하는 한결같고 강력한 이미지 중 하나는 '어부'다. 예수는 "나를 따라오너라. 내가 너로 남성과 여성, 어린이들을 사로잡는 어부가 되게 하겠다"고 말씀하셨다. 하느님의 사랑에 사로잡힌 이들은 서로 사랑하고 서로를 위해 헌신하는 그리스도교 공동체의 관계망 속에서 효과적인 그물을 발견한다. 그리스도교 공동체는 자신을 둘러싼 경계, 자신들이 누구인지 정의해주는 경계들이 중심축을 향하도록 하는 관계망을 갖고 있다.[5)] '중심축을 향한 관계망'은 누군가를 공동체에 받아들일 때 교리를 기준으로 그를 받아들일지 배제할지를 판단

4 *Mission-shaped Church*, p.52.

5 Cited by Shenk of Hiebert's theory, *Creating communities*, p.103.

하는 것이 아니라, 그 누군가가 어떤 상황에 처해 있는지를 인식하도록 하는 역할을 한다. 공동체에 수용될 사람은 이미 공동체의 중심축을 향해 움직이고 있기 때문이다. 그들은 아직 믿음을 갖고 있지 않을지 모르지만 신자들 사이에 들어와 살면서 복음의 진리를 발견할 수 있다. 최첨단 기술로 무장되어 고립된 시대에 사는 우리는 이 관계망의 힘을 반드시 깨닫고 반겨야 한다. 예수 그리스도의 몸 안에서 관계를 이룬 사람들의 치유하는 힘, 그 잠재력이 이 관계망 안에 담겨있다.

데이브와 헤더 메일은 허더즈필드에 자리 잡은 그리스도교 공동체의 대표들이다. 이 공동체는 말 그대로 '네트'Net라고 불린다. 이들은 선교에 있어서 관계적 측면에 집중한다. 그들은 하느님과 서로를 알아가고 사랑하면서, 교회에 나오지 않는 사람들이 예수와 실제적으로 의미 있는 관계를 맺도록 노력한다. 구성원 한 사람은 "교회는 관계 위에 세워졌다. 관계야말로 교회의 희망이고, 관계 맺은 사람들이야말로 진정한 교회다"라고 말했다.

> 데비와 제프는 허더즈필드의 네트 구성원이다. 그들은 근처 대학교에서 간호학을 가르치는 이웃 앤절라를 성탄절 캐럴 예배에 초대했다. 앤절라는 "정말 즐거웠어요. 그분들이 짧은 영상을 보여줬는데 진짜 웃겼거든요"라고 말했다. 그녀는 예배 이후에 자신이 근무하는 학교 회관에서 모인 작은 그룹에 참여했고, 그룹 구성원들과 어떤 위화감도 없이 잘 어울렸다. "어

떤 판단이나 압박도 받지 않았어요. 누군가 나를 통제하려 한다는 느낌도 받지 않았고요."

그녀는 먼저 '둘러보기' 코스에 등록했다. "8주에 걸쳐 진행되는 과정이었는데, 신앙에 대해 깊이 있게 들여다보며 나와 비슷한 사람들을 만날 수 있었어요." 그녀는 잘 모르는 교회 사람들이 그녀와 남편을 점심식사 자리로 초대했다는 데 감동했다. 어느 날 순회 설교자인 로빈 갬블이 그녀의 모임을 방문했고 사람들을 일으켜 세웠다. 그녀는 일어서고 싶은 마음도 있었지만 일어나지는 못했다. 이후 예배를 드린 그녀는 목회자에게 상담을 청했다. "저는 여기 모인 사람들의 일원이고 싶어요. 전 이 길을 선택했어요." 그녀의 음성에는 깊은 안도감이 묻어났고, 어둠이 걷히는 듯했다.[6]

선언처럼 들리던 그녀의 고백은 다른 이들, 특히 그녀의 결정을 주목하던 세 사람이 그리스도인이 되는 계기가 되었다. 앤절라의 이야기를 들으며 마음에 작은 동요가 일었던 그 사람들은 기나긴 여정을 함께 걷게 될 동반자를 얻었다.

여행을 떠나기

'무언가를 찾는' 사람들이 어떤 모둠 안에 참여하려 할 때, 그들은 모둠의

---

6 *Encounters on the Edge*, No. 19, pp. 10-14.

중심부를 향하는 사람들과 가까이 지낼 수 있어야 한다. '구도자'라 불릴 수 있는 이 사람들이 교회 공동체 안으로 들어가려 할 때마다 맞닥뜨리는 문제는 교회의 핵심적인 활동가들과 깊은 대화, 심원한 만남을 가질 수 없다는 점이다. 교회 중심부에 있는 이들은 구도자들 근처에, 팔을 뻗으면 닿을 것 같은 거리에 있어야 한다. 사람들은 커피를 마시는 시간에는 새로 온 구도자들에게 반가워하며 인사를 건넸지만, 주방 봉사나 교육실에 의자를 나르는 일에 이들이 참여하려 하면 당혹스러워했다. 2년이 지났을 때 구도자들은 여전히 교회에 잘 알고 지내는 사람이 없다는 사실을 깨달았다. 그들은 이 교회에 자기들끼리만 모여 중대한 일을 결정하고 집행하면서 고민하는 보이지 않는 내부 모임이 따로 있다는 걸 느꼈다.

선교를 위한 공동체가 되기를 바란다면 가장자리에서 배회하는 구성원들이 교회 공동체 중심을 향해 자유롭게 다가올 수 있도록 배려해야 한다. 환영한다는 것은 교회 입구에서의 미소와 손짓만으로 이뤄지는 게 아니다. 구도자들이 교회 공동체 외곽에서 중심까지 옮겨 오도록 하는 전체 과정이다. 자신들이 매우 친화적이라고 생각하는 대다수 교회 신자들은 사실 교회 내부 사람들에게만 친절하다. 많은 교회는 처음 온 사람들에게 활짝 열려있는 것처럼 행동하지만, 사실은 비밀스러운 문지기들이 존재한다. 그들은 누구를 공동체에 받아들일지 말지를 결정한다. 한 성직자는 짜증이 가득한 얼굴로 나에게 이렇게 말했다. "나는 그 사람을 받아들였어요. 그런데 교회위원들은 그 사람을 밖으로 끄집어내기로 작정한 것 같아요."

그들의 여행을 어떻게 도울 것인가

교회를 찾아 헤매는 구도자들을 돕는 방법은 사실 매우 간단하다.

- 주일 예배 후에 모여 커피를 마시는 자리에서, 남편과 사별한 한 여성이 신자들에게 물었다. "여기는 정말 좋은 곳 같아요. 제가 무언가 도울 게 있을까요?" 신자들은 진심을 다해 기뻐하며 그녀를 주방 봉사 팀으로 받아들였다.
- 교회 시설 팀은 마당의 쓰레기와 덤불 등을 치우고 정리하는 작업을 하고 있었다. 어느 날 팀장은 예배 후 교회 주변을 서성이던 사람들을 불러 모아 함께 작업한 후, 간단한 간식을 먹으러 함께 교회 문을 나섰다.
- 알파, 엠마우스 코스와 같은 관계 중심으로 진행되는 교육 과정에 구도자들을 초대했다. 당연히 교육이 끝나면 맛있는 식사를 함께 나눴다.

베벌리는 자녀의 세례 때문에 교회 를 찾아왔다. 그녀는 교회 어머니회와 영아부 모임에 참여했고, 주방 일을 돕기도 했다. 그러던 어느 날, 베벌리는 자신이 교회에서 지도자 역할을 맡은 사람들과 돈독한 우정을 맺고 있음을 알게 됐다. 어느 부서는 춤으로 예배를 드리고 있었는데, 그녀는 그 예배에 참석하게 됐다. 그녀는 창의적인 예배 방식 자체에도 관심을 보였지만, 무엇보다도 구성원들 사이에 나누어지는 우정, 정직함에 감동했다. 베벌리는 이 모임에 소속감을 느꼈고 사람들과 함께하기를 원했다. 예배를 위해 온몸을 사용하고 사람들과 연결되는 게 즐거웠다. 시간이 지나자 그녀는 신앙 양육 과정이 있는지 교회에 문의했고, 이 과정을 통해 그리스도인의 여정을 걷기 시작했다.

관계에 기반을 둔 복음 전도는 마음으로 이뤄지며, 그 과정은 매우 단순하다. 둘씩 짝지어 선교지를 향해 나아가듯이, 세련된 기술이나 풍족한 물질 자원이 필요하지 않다. 많은 사람들은 자신이 신뢰할 수 있는 환경에서 깊은 관계를 맺는다. 아이들, 노인, 젊은 부부, 중년 부부 할 것 없이 이 사실은 모두에게 통용된다. 관계를 맺는다는 것은 특별한 무언가가 아니다. 관계를 맺게 된다고 해서 엄청나게 놀라워하거나 기뻐 뛸 사람도 별로 없을 것이다. 그러나 관계는 선교에서 핵심적이다.

복음 전도 모델들을 급하게 받아들여 엄청나게 많은 사람을 교회로 데려오려는 신자들은 종종 사람 사이의 관계 영역에서 복음을 내쫓아 버리곤 한다. 교회에서 이뤄지는 일들에서 복음을 제거해버리기도 한다. 그래야 수월하게 만날 수 있으리라 판단하기 때문이다. 그러나 함께하는 공동체를 이루는 일은 로켓 과학과 같이 이뤄지지 않는다. 단순히 몇몇 조건들을 조정한다 해서 해결될 일이 아니다. 그래서 어떤 이들은 복음 전도, 선교가 전문가들이나 몇몇 성직자에게만 할당되는 특별한 일이라고 여길 수도 있다. 우리는 바로 앞에 놓인 단순한 진실에 직면하기보다 그럴싸한 대안을 찾아내려 애쓴다.

하지만 관계에 기반을 둔 복음 전도는 어려운 일이 아니다. 단지 비용이 필요할 뿐이다. 관계를 중심에 두고 복음을 전하려 할 때 우리는 우리 자신을 다른 이에게 내주어야 한다. 다른 이도 마찬가지일 것이다. 단지 주일에 고개를 끄덕이는 정도가 아니라 그들이 내 삶에, 내 삶이 그들 안에 들어가야 하는 것이다. 내가 생명을 보길 원한다면, 나는 내 생명을 내주어야 한다. 내가 사랑을 보고자 한다면, 나는 사랑을 주어야 한다. 자기 자신을 내주는 일이 공동체 삶의 중심에 자리 잡아야 한다. 교회 지도자들은 이런 움직임을 독려하고 이끌어내야 한다.

친교를 중심으로 삼은 지도력

그리스도교 공동체의 우수성은 '그 공동체의 지도자들이 어떤 깊이의 관계를 맺고 있는가'라는 질문에 따라 평가되어야 한다. 공동체의 삶을 중시하는 교회의 지도자들은, 그 교회가 전통적인 교회든 새로운 시도를 선호하는 교회든 상관없이 서로에게 헌신적이고 신뢰적인 특성을 드러내 보일 것이다. 공동체의 삶은 두 사람만 있어도 시작될 수 있다. 그러나 그 관계에서 형성되는 친교Koinonia, 공동체의 삶 자체는 사람들 전체에 울려 퍼지고, 관계들이 교회 전체로 퍼져나갈 것이다. 공동체로 사는 일의 참된 가치를 밖으로 끄집어내려 노력하는 봉사자들, 지도자들, 목회자들은 공동체의 삶이 지닌 힘이 교회 전체에 파동을 일으키며 커져나가는 것을 발견하게 될 것이다. 누군가와 나눈 이야기를 함부로 발설하지 않는 존중의 자세, 존경과 헌신의 태도가 지도자 그룹에서 발견된다면 그들이 갖고 있는 태도는 전체 공동체 곳곳에서 자라나고 있을 가능성이 크다.

서품(안수)받은 목회자들에게 가장 필요한 덕목은 교회 사무실에서 쓰고 있던 가면, 즉 자신의 깨지기 쉬운 연약함을 드러내는 것이다. 공동체를 이루어 삶을 나누려는 이들에게 진짜 사람으로 다가가야 한다는 말이다. 모든 사람이 구성원 한 명 한 명의 연약함을 꿰고 있어야 한다는 말은 아니다. 예수가 함께하는 사람들에게 그러했듯 열린 마음으로 사람들을 만나야 한다는 말이다. 예수는 자신의 삶을 다른 이에게 나누는 길을 택했다. 그는 열두 사람, 그리고 세 사람, 베다니의 가족들과 함께 있는 길을 선택했다. 예수가 그들 중 일부에게 자신이 기꺼이 감당하려고 하는 특별한 시험에 대해 이야기했다는 사실은 우리가 생각해볼 만한 주제다. 그의 이야기는 그리스도의 전체 선교를 망쳐버릴 수도 있었다. 과연 예수처럼 자신과 함께하는 사람들에게, 모임 구성원들에게 자신의 이야기를 전할 수 있는 성직자, 목회자는 몇 명이나 될까?

셀 교회를 연구하는 세필드 센터의 조지 링스는 셀 구성원으로 공동체 생활에 참여하려면 무엇보다도 정직해야 한다고 말한다. 토튼을 방문하는 중에 호기심을 자극하는 주제가 생겼다. 나를 만나기 위해 자신의 저녁 시간을 기꺼이 내주는 셀 모임 지도자에 관한 것이었는데, 그는 자신이 성장해온 이야기를 자세히 해주었고, 끝없이 이어지는 불필요한 질문 공세에 일일이 친절하게 답해줬다. 어느 정도 시간이 지났을 때 나는 정답이 딱히 정해져 있을 것 같지 않은 질문 하나를 던졌다. "셀 모임의 가치는 무엇인가요? 셀 모임에서 가장 중요한 게 뭐라고 생각하세요?" 나는 그가 "예수님께서 우리 모임 중심에 계시니까요"와 같은 공과 교재에 나올 법한 대답을 할 것이라 예상했다. 그런데 그는 부드럽게 이런저런 이야기를 하다가 '정직'이라는 주제를 꺼냈다. '정직'이라는 대답이 내 머리를 떠나지 않는다. 공동체로 들어가는 최초의 문은 '정직'이었다.[7]

정직하지 않다면 공동체를 이룰 수 없다. 좋은 공동체란 조금 더 정직해도 넉넉히 품어 안을 수 있는 사람들의 모임이며, 사람들은 그런 곳에서 삶의 더욱 깊은 면을 자각한다. 사람들은 자신의 존재 그 자체를 드러내 보여도 안전하게 머물 수 있는 장소를 찾는다. 우리는 하느님의 사람들 사이에서 그런 장소를 찾을 수 있을까? 우리는 안전한 장소인가? 우리는 교회 안에서 우리 존재 그 자체로 존재할 수 있을까?

관계망에 참여하기

선교를 위한 신앙을 일구려는 교회는 교회 내부의 관계를 훌륭하게 유지하는 데 높은 가치를 둘 것이다. 소란스럽고 혼잡한 삶이 모인 곳에서 관

---

7 *Encounters on the Edge*, No. 20, pp.13-14.

계망은 망가질 수 있다. 천 조각이 구멍이 나고 찢어지듯이, 구멍이 점점 더 크게 벌어지듯이 관계망도 '물고기를 잡는 데 쓰이지 못할 정도로' 무너질 수 있다. 어부들도 더는 물고기를 잡는 데 관심을 두지 않을지도 모른다. 그러나 선교를 이루는 영성, 즉 영성이 씨줄과 날줄로 엮여 만드는 관계망은 물고기를 잡는 데만 관여되는 게 아니라, 사람들의 병을 고치고 사람들을 온전하게 만든다. 관계망을 통해 공동체 역시 온전해지는 여정에 참여하게 된다.

선교를 위한 신앙에서 관계망은 그만큼 중대한 요소다. 관계망에 관심을 가지는 구조를 만드는 데는 꽤 긴 시간이 필요할지도 모른다. 그 구조의 모습도 다양할 수 있다. 그러나 이와 같은 사항들은 꼭 포함해야 한다.

- 건강한 목회자 팀을 구성하고 발전시켜야 한다.
- 정기적으로 관계에 대해 가르치고 서로 용서하는 연습을 해야 한다.
- 서로 나눈 이야기를 함부로 발설하지 않는 자세에 대해 모두 동의해야 한다.
- 함께 어울리며 나누는 행사, 특히 식사하는 일에 공을 들여야 한다.
- 교회의 사역을 위해 정서 회복, 상담 기술을 접목해야 한다.

교회가 선교를 위해 움직일수록 두 가지 결과가 뒤따를 것이다. 우선 개인적으로 고통스러운 상황, 혼란 속에 빠져있던 사람들이 신앙으로 나아오게 된다. 그리고 또 하나는 변화의 순례길을 걷게 될 사람들을 충분히 수용할 만큼 강한 사랑을 교회가 준비하게 된다는 것이다. 하느님의 충분한 사랑, 나의 존재 그 자체로도 충분하다고 말하는 큰 사랑을 경험한 사람들은 상처받은 사람들이 공동체에 입힐지도 모를 파괴적인 상처에 대비해야 한다. 하느님의 따뜻한 사랑 덕분에 사람들의 마음이 녹아내렸을 때, 오랜 기억 밑바닥에 남아있던 상처가 다시 올라와 사람들을 괴롭힐 수도 있다. 이에 대한 가장 이상적인 대처는 어둠이나 상처를 두려워하지 않을 사람들과 함께 있는 것, 자기 자신의 어둠을 직면하고 그것을 다루는 방법을 배운 사람들과 함께 있는 것이다. 그렇다면 우리는 스스로 되물어야 한다. 우리는 우리 자신의 어두움과 상처를 직면하여 잘 다독일 수 있을까? 무엇이 우리를 조금이라도 더 나아가게 할까? 다른 사람보다 앞서 순례를 시작한 교회 지도자들은 공동체를 위해 이 질문을 늘 마음에 담아두어야 한다. 언젠가 이 질문이 급박하게 던져질 때가 있을 것이다.

땅에 뿌리내린 신앙

선교를 위한 신앙은 그 중심에 공동체가 심어져 있어야 한다. 하느님은 누군가를 홀로 보내시는 분이 아니라 본질적으로 공동체를 파송하시기 때문이다. 그분 자신도 삼위일체 하느님, 공동체 자체이시다. 공동체의 중요성을 다시 발견하는 일이 선교의 가장 중요한 요소가 될 것이라는 여러 조짐이 있다. 매우 험난한 작업일 것이다. 선교를 이루는 영성은 철저히 땅에 뿌리내려야 한다. 그 땅은 바로 공동체다. 아무것도 지니지 않은 채 여행을 떠나는 법을 배웠듯, 우리는 함께 걸어야 할 험난하고 장대한 여정이 눈앞에 있음을 배워야 한다. 지역교회, 카페교회, 대성당, 셀 교회, 학교교회, 젊은이로 구성된 회중 등 우리는 공동체가 되어가는 순례를 위해 많은 것을 배워야 할 것이다. 공동체를 세우는 일은 삶을 공유하는 일이며, 삶을 공유하는 일은 전적으로 실천과 맞닿아있다. 우리는 마음만이 아니라 근육과 힘줄, 세포 하나하나를 움직여야 한다. 영혼만이 아니라 신체 전체를 요구하는 일이다. 말로 하는 것이 아니라 삶 전체를 사용해 사랑하는 일을 의미한다. 우리가 이렇게 할 수 있다면, 우리가 이렇게 살아낼 수 있다면 공동체의 삶은 그리스도께서 보여주신 치유, 세상을 풍성하게 먹이신 기적을 드러내게 될 것이다.

07

기도와 약속, 그리고 분투

> 구하여라, 받을 것이다. 찾아라, 얻을 것이다. 문을 두드려라, 열릴 것이다. (루가 11:9)

홀리 트리니치 교회에서 청소년 소모임을 이끄는 마크 태너[1]는 아이들과 어떻게 하면 함께 기도할 수 있을까를 고민했다. 결국 그는 아이들에게 이렇게 자신의 방안을 이야기했다. "학교 버스를 타려면 타운 센터에서 버스를 갈아타야 하고, 버스 정류장은 교회 바로 앞에 있단 말이야. 너희가 버스를 타기 한 시간 전쯤 교회에 와서 기도를 하면, 내가 너희와 함께 먹을 아침식사를 준비하는 거야. 어때?" 이것이 토스트 기도 모임의 시작이었다. 작았던 모임은 25명까지 늘어났고, 3년 후에는 40명의 젊은이들이 자기들 또래의 젊은이들을 위해, 그들을 향한 선교를 위해 기도하는 모임으

1 Mark Tanner, 돈캐스터에 있는 성 마리아 교회 목사.

로 성장했다.

기도 모임의 경험이 모이면서 교회는 도시 센터에서 청소년 행사를 개최하게 되었고, 이를 위한 마땅한 장소를 물색했다. 때마침 '개와 트럼펫'이란 나이트클럽에서 일하는 매니저가 한 달에 한 번, 월요일 밤마다 클럽을 무료로 사용하게 허락해주었다. 행사는 술잔 하나 없는 클럽 무대에서 진행되었다. 이 모든 일을 단순한 우연이라고 치부할 수 있을까? '그리스도를 위한 젊은이'Youth For Christ라는 모임이 형성되고 도시 한복판에서 인상적인 선교를 펼친 일, 그 결과 300명이 넘는 사람들이 그리스도를 따르게 된 일이 그저 우연한 일일 뿐인가?

기도는 교회가 선교를 위해 해야 할 주요한 일이고, 절대 빼놓을 수 없는 일이다. 선교의 순례를 시작한 사람들은 기도 없이는 아무것도 이룰 수 없다는 사실을 안다. 순례는 성령이 돕지 않으시면 수행될 수 없기 때문이다. 그리고 성령과 함께하는 일, 성령의 권능을 덧입는 일 모두는 기도를 통해 드러난다. 예수는 제자들에게 "너희는 위로부터 오는 능력을 입을 때까지 이 도시에 머물러있어라"(루가 24:49)라고 충고했다.

그러나 선교의 시작 시점에만 기도가 필요한 건 아니다. 선교는 종종 우리를 세상의 깨어진 곳으로 나아가게 이끄는데, 우리는 복잡하고 예민한 상황, 부담 가득한 관계, 상처받은 사람들과 그들의 공동체에 참여하게 된다. 우리는 그 속에서 기도해야 한다. 이는 우리가 필요로 하는 것을 하느님으로부터 얻는 일보다 더 중요한 일이다. 우리가 깨어진 상황에 참여하는 일 자체가 또 다른 층위의 선교다. 이 장에서는 기도의 세 가지 측면을 살펴보려 한다. 첫 번째는 기도의 중심이 되는 '의존의 역동'이다. 둘째는 우리가 기도를 통해 하느님께 의지함에 따라 나타나는 성령의 선물, 기쁨과 생기, 생명의 문이 열리는 일이라는 측면이다. 기도를 통해 하느님께 의지하지 않으면 선교는 이뤄지지 않는다. 마지막으로 기도를 통해 일어나는 또 다른 수준의 선교에 대해 살필 것이다.

하느님께 돌아가기

사람에 따라, 계절에 따라, 시간과 장소에 따라, 허락된 기회에 따라 기도하는 방식은 다양할 수 있다. 혼자서 할 수도 있고 함께 기도할 수도 있으며 조용하게, 혹은 소리 내어 기도할 수도 있다. 노래로 하거나 말로 하거나, 전례 기도문을 묵상하거나 즉흥적으로 떠올려 기도할 수도 있다. 또한 머릿속으로만 할 수도 있고 온몸으로 기도할 수도 있다. 참회의 기도, 찬양과 명상의 기도, 감사와 간구의 기도, 중보기도, 하느님의 권능을 바라며 고군분투하는 기도, 기쁨의 기도, 그리고 고통이 담긴 기도도 있다. 기도의 형식은 다양하지만 기도의 목표는 같다. 하느님께 돌아가는 것이다. 예수 그리스도의 아버지 되시는 하느님을 향해 회심하고, 그분께 되돌아가는 일이며, 인간인 나 자신의 위치를 자각하고 삼위일체이신 하느님의 자리를 내어드리는 일이다. 기도의 연륜이 깊은 사람들, 오랜 시간 함께 기도해온 사람들의 말에 따르면 하느님과 자기 자신 사이의 문은 항상 열려있기에, 하느님께 되돌아가는 일은 지속적인 내면의 습관이 될 수 있다.

의존의 역동

하느님을 향한 움직임이 어떻게 이루어지는지 이해하고 깨닫기 위해서는 우리가 의식하든 의식하지 않든, 기도 안에 어떤 의존이 이뤄지고 있음을 인정해야 한다. '의존'은 서구 문화에서 박한 평가를 받는 단어다. 부족함, 미약함, 완성되지 못함과 같은 부정적인 느낌을 전달한다. 인본주의의 가치가 지배적인 문화에서 의존은 불쾌한 단어로 여겨진다.

물론 의존이란 적당히 기대는 것을 뜻하며, 잘못된 의존은 성숙하지 못한 행태와 사회적 병폐를 양산할 수 있다. 하지만 우리는 시간을 들여 지구 생태계의 균형에 깊이 의존하는 우리 자신을 깨달아야 한다. 살아있는 모든 생물과 상호의존적인 관계를 맺고 있는 우리 자신을 알아차려야 한다. 또한 건강한 의존이란 겸손과 비슷한 뜻을 지니며, 인간 자아가 모든 것의 중심에 있지 않다는 깨달음과 관련되어 있음도 알아야 한다.

기도는 여기서 시작한다. 아무것과도 관련 없이 홀로 있겠다는 선택은 인간 이하로 존재하겠다는 결정이다. 우리는 하느님을 필요로 하는 인간이다. 이 인식에 근거해서 기도는 시작한다. 우리가 이 사실을 진정으로 깨달을 때, '복되다'(마태 5:3)라는 말을 듣게 될 것이다. 하느님을 향한 이 의존은 우리가 장성한다고 해서 멈추지 않는다. 이 근원적인 의존은 아담이 타락하였을 때 깃든 약함이며, 오직 두 번째 아담과 함께 해소될 것이다. 예수는 자신이 마음대로 할 수 없고, 오직 아버지께서 하실 뿐이라는 사실을 알고 있었다. (요한 5:19) 예수가 "아버지, 이 사람들이 하나가 되게 하여주십시오. 아버지께서 내 안에 계시고 내가 아버지 안에 있는 것과 같이 이 사람들도 우리들 안에 있게 하여주십시오"(요한 17:21)라고 기도했듯, 의존은 결국 목적지에 다다를지도 모른다. 그러나 의존은 여기서 끝나지 않는다. 하느님도 우리에게 의존하고 계심을 드러내는 몇몇 근거가 있다.

선교만큼 의존성이 명확하게 드러나는 지점은 없다. 파트모스의 한 수도사에 따르면 선교를 위해 헌신하는 사람들은 예수의 가슴에 기대어 하느님의 심장박동을 느끼는 사람들이다.[2] 그들은 세상의 빈곤을 마주할 때마다, 자신들의 가난함을 깨닫고 끈질기게 하느님께로 돌아가는 사람들이다. (루가 11:5-8)

선교의 순례에 참여한 사람들은 성령에 의존해야 한다는 사실을 계속해서, 강력하게 떠올리는 사람들이다. 셰필드에서 선교활동에 참여하고 있는 한 젊은이는 이를 이렇게 표현했다. "하느님과 함께 보내는 시간이 엄청나게 늘어난 것 같아요. 저는 더욱 하느님이 필요해요. 모든 순간마다 하느님의 도우심을 받아 제 삶이 조정되기를 기도해요."[3] 또 다른 젊은이는 후회하며 이렇게 썼다. "깊은 기도생활로 뒷받침하지 못하고, 단지 우정으로 이루어진 복음 전도는 사실 아무것도 아니라는 사실을 깨

---

2 *Northumbria Community-A Way fore Living*, undated, p.5.

3 Martin Garner, 2002.

닫게 됐어요."[4)]

광야로 이끄는

선교를 이루는 영성을 가진 사람들은 자신이 광야에 있는 것만 같은 경험을 한다. 이는 우연이 아니다. 광야에는 유혹과 시험이 있다. 광야에서는 포기해야 하고, 비워야 하며, 외롭게 홀로 있어야 한다. 내면으로 마주하고 겪어야 하는 황폐한 땅에는 죽음이 도사리고 있다. 그곳엔 우리의 몸과 마음이 겪어야 할 고통의 순간들이 아로새겨져 있다. 영혼의 어두운 순간들은 거룩한 땅이며, 그 순간들을 기록할 때는 신중을 기해야 한다. 고통은 또 다른 의미의 신비이며, 그 깊이를 헤아릴 수 없는 신비다. 우리는 공허와 파산, 파탄과 악을 경험함으로써 하느님께 의존하는 법을 배운다. 이 외에 다른 수업은 없다. 우리가 하느님께 의지하는 법을 배우는 유일한 장소는 광야다.

북쪽에 위치한 도심 지역의 한 작은 교회는 작게나마 선교를 시작하기로 결정했다. 규모가 작은 이 교회는 선교 분야에 있어서 성공가도를 달리는 큰 교회의 경험을 참고하는 게 좋겠다고 판단했다. 여러 음식을 준비한 만찬 자리에 90명의 손님을 초대했다. 그러나 예상과는 달리 행사는 곤두박질치기 시작했다. 큰 교회에서 온 선교 팀은 이 지역과의 연결점을 만들지

4 Questionnaire, Jesus Fellowship Church member, 2002.

못했다. 초대받은 지역 주민들 대다수가 자리에서 일어나 나갔고, 이 지역을 깔보는 듯한 방문 팀의 언사에 화를 내기도 했다.

교회는 혼란에 빠졌다. 지역 주민들과 좋은 관계를 맺기 위해 수년간 조심스럽게 활동해오고 있었기 때문이다. 그때 교회 구성원의 입을 빌려 하느님께서 말씀하셨다. "하느님을 그들에게 알리고자 하는 마음이 있다면, 너희는 그들에게 가서 너희 자신을 열어 보여라." 명백한 실패 이후 포기했던 그들은 자신들의 소명이 어떻게 다시 시작되어야 할지 새롭게 이해했다. 교회는 사람들에게 다가갈 다른 방법을 찾기 시작했다. 펍, 중고 옷가지와 가구를 파는 가게, 스포츠 경기처럼 지역 사람들을 위한 적절한 장소를 물색했다. 이러한 노력은 점차 지역사회에 영향을 미치기 시작했다. 포기했던 그곳에서 하느님께 더욱 깊이 의존하는 법을 배웠고, 고통스러운 경험을 통해 소명과 이를 이루기 위한 새로운 방식들을 떠올리게 되었다. 교회는 이 경험을 여전히 소중하게 간직하고 있다.[5]

우리는 많은 이들이 광야에 들어섰다가 그곳을 빠져나오는 주기, '사랑하는 이에게 몸을 기대는 일'(아가 8:5)의 주기가 있음을 깨닫게 될 것이다. 그리고 이러한 방황이야말로 진정한 선교적 삶을 지탱하는 중요 원천이라는 사실도 알게 될 것이다. 선교하려는 사람들은 문화 간 소통을 위해 언어, 문화를 지배하는 철학, 사고방식, 관습 등에 대해 배워야만 한다.

---

5 Thomas's, Wincobank, Sheffield.

그러나 더 근본적으로 준비해야 할 것은 마음가짐이다. 상대방을 더 깊이 이해하려는 마음이 있어야 그 위에 '배우는 내용'들이 더 튼튼히 자리 잡게 된다.

사기를 꺾는 게 아닌, 적절한 준비를 돕기 위해

우리가 언급해야 할 마지막 말이 광야라면, 이는 참으로 우리의 사기를 꺾고 의기소침하게 만든다. 하지만 그것이 전부는 아니다. 예수가 성령에 의해 광야로 이끌려 가서 악마에게 시험받았다는 구절에서 가장 두드러지는 부분은 광야라는 어둠과 소외의 공간에서 하느님의 영이 함께하셨으며 사실 이 모든 일을 직접 시작하신 분이 하느님이라는 사실이다. 광야는 우리가 공허하게 비어있음을 깨닫게 한다. 이 깨달음은 우리의 사기를 꺾는 게 아니라, 적절한 준비를 하도록 이끈다. 루가는 "예수께서 성령을 가득히 받고 돌아오신 뒤 성령의 인도로 광야에 가셔서 사십 일 동안 악마에게 유혹을 받으셨다. … 예수께서는 성령의 능력을 가득히 받고 사막에서 갈릴래아로 돌아가셨다"(루가 4:1, 14)라고 전한다. 루가는 이를 통해 무슨 의미를 독자에게 전하려 했을까? 그는 광야에서 예수에게 무언가 특별한 변화가 일어났고, 광야가 그에게 영향을 미쳐서 어떤 능력을 갖게 되었음을 말하려 한 것일까?

예수에게 발생한 두 사건(자신이 하느님의 사랑을 받는 아들임을 알게 된 세례, 그리고 사랑받는 자임에도 불구하고 연약함 때문에 선교 사역이 방향을 잃고 무너질 수 있음을 깨닫게 된 광야 사건)을 숙고할 때, 우리는 광야 경험이 예수를 너욱 깊이 하느님께 의존하도록 이끌었을 것이라고 상상해볼 수 있다.

우리는 이러한 의존, 단단한 기댐을 통해 우리가 펼치는 선교 사역에서 하느님의 영에 의해, 하느님의 힘을 얻는 방식을 배운다. 예수는 광야에서 성령의 능력을 가득히 받고 돌아왔기에 말씀을 선포하고 치유할 수 있었다. 이에 따라 예수의 소문은 여러 지방에 두루 퍼졌다. (루가 4:14)

성령의 약속

광야는 우리의 의지를 꺾는 곳이 아니라 적절한 준비를 갖추게 하는 곳이다. 개인뿐만 아니라 교회 역시 광야를 긍정적으로 받아들인다. 우리의 마지막 단어는 성령을 통해 주어진다. "내가 전에 일러준 아버지의 약속을 기다려라. … 오래지 않아 너희는 성령으로 세례를 받게 될 것이다. … 성령이 너희에게 오시면 너희는 힘을 받아 예루살렘과 온 유다와 사마리아뿐만 아니라 땅끝에 이르기까지 어디에서나 나의 증인이 될 것이다."(사도 1:4, 5, 8) 성령이 오시면 성령의 선물인 기쁨과 생기, 생명은 우리의 주목을 끌게 될 것이다. 오순절 이후 첫 제자들은 말한 적도 들은 적도 없는 언어로 말할 수밖에 없었다. 그들은 식견 있는 사람들이 아니었음에도 다양한 문화와 언어로 나뉜 경계를 넘나들며 소통할 수 있었다. 그들은 함께 예배드리는 일뿐만 아니라 각자의 소유까지 공유하는 공동체의 삶을 시작했다. 번개가 땅에 내리꽂히듯 성령은 인간의 공동체 안에 내려왔다. 그리고 삶이 변했다.

한 지역교회 목회자가 주방 벽에 비스듬히 기대 있었다. 그녀는 완전히 피로에 절어 지친 상태였다. 그녀는 '이것보다 더 나은 방법이 분명히 있을 텐데'라고 혼자 생각했다. 그녀는 얼마 지나지 않아 잠이 들었고, 꿈에서 잘못된 길로 향하는 자기 자신을 보았다. 꿈에서 깬 그녀는 진심을 다해 기도하기 시작했다. "주님, 저를 돌려세워주십시오." 이 기도는 다른 방향으로 향하는 그녀의 삶이 시작되던 순간이었다. "주님, 저를 돌려세워주십시오. 제가 잘못된 방향으로 나아가고 있습니다. 주님, 저를 돌려세워주십시오." 그녀는 버스정류장에서, 차 안에서, 개를 산책시키는 중에도 이렇게 기도했다. 그러나 4년 동안 그녀는 더 깊은 수렁 속으로 빠져들었다.

목회가 엉망이 되어가던 4년 동안 그녀는 자신이 떠맡아온 사역이 성령에 의해서라기보다는 개인적인 야망과 관련되어있음을 깨달았다. 그녀는 특별한 은사를 지닌 사역자라고 소문나 있었는데, 그녀 자신도 이 능력에 기대어 사역을 이어왔다. 그러나 곧 모든 기운을 잃고 탈진할 수밖에 없었다. 그 고통스러운 시간 동안 그녀는 하느님께 끊임없이 물었다. 그리고 성령의 도움을 받아 그 '어리석은' 상태에 머무는 데는 어떤 숨겨진 의미가 있음을 깨달았다. 하지만 여전히 그녀는 자기 자신을 완전히 내려놓는 데 어려움을 겪었지만 결국 항복했다. 그녀는 하느님께서 말씀하시는 것이 무엇이든 "네"라고 대답하기 시작했다.

그 후에 나타난 일들은 말 그대로 '변혁'적이었다. 그녀는 캐나다에 있는 잘 알려진 영성센터로 여행을 떠났다. 일주일가량 그곳에 머무는 동안 그녀는 하느님께서 자신을 완전히 해체한 후 다시 조립하시는 듯한 경험을 했다. 모든 고통과 갈증, 불안과 두려움은 성령의 도우심으로 사라졌다. 완전히 새로운 방식으로 성령은 그녀를 다시 채웠다. 그녀는 여전히 열심히 일한다. 그러나 이제는 그녀 내면에 평화가 자리 잡았다. 사역에서 즐거움을 느끼고, 자신이 펼치는 선교에 더욱 깊은 관심을 둔다.[6]

그러나 우리는 성령이 도우신다는 말, 성령께서 함께하신다는 말을 왜곡해 승리주의에 도취될 위험이 있지는 않을까? 혹시 우리는 우리 자신을 속이지는 않나? 우리의 어두운 내면을 강하게 억누르고 있는 것은 아닐까? 나도 모르게 무언가 감추는 작업을 하고 있는 건 아닐까? 성령에 붙들린 사람들이 성령의 도우심을 받은 그 이후에 어떤 일을 이어오고 있는지 살펴보는 것만으로도 이런 질문에 대한 답을 찾을 수 있다.

성령의 권능으로 선교에 뛰어든 사람들은 일상의 이러저러한 압력에도 짓눌리지 않고, 당황하지만 실망하지 않으며, 핍박받지만 포기하지 않고, 무너지지만 파괴되지 않는다. (2고린 4:8-9) 그들은 선교하는 삶이 십자가의 삶과 떨어질 수 없음을 안다. 성령과 십자가는 나뉘지 않는다. 부활의 권능을 공유하는 사람들은 주님의 고난 또한 공유해야만 하는 것이다. (필립 3:10)

스스로 무력하고 힘을 잃었다고 느끼는 일이 성령과 함께하기 위한 일의 전제라면, 오늘날 우리 교회는 성령이 함께하실 최적의 장소일 것

---

6 저자 자신의 이야기다!

이다. 우리는 다시 오실 성령을 기다리고, 새롭고 깊은 방식으로 그분을 만나야 한다. 우리의 지역교회는 특히나 연약하고 깨지기 쉬운 곳에 자리 잡아야 한다. 우리는 앞으로 어떤 일이 벌어질지 가늠할 수 없다. 그러나 하느님께서 우리를 이러한 곳으로 이끌고 가지 않으실까? 우리 자신이 부족하고 아무런 도움이 없다는 사실에 실망을 멈추지 못하는 가운데, 우리는 점점 깊이 하느님께 의존하게 될 것이다. 선교에 거대한 권능을 부여하시는 성령이 그곳에 함께하실 가능성이 생기지 않을까? 그렇다면 우리는 이 과정을 어떻게 도울 수 있을까? 우리는 어떻게 성령을 받을 수 있을까?

구하여라, 찾아라, 두드려라

"우리는 어떻게 성령을 받을 수 있을까?" 하고 질문할 때 생기는 문제는 우리가 어떤 공식을 발견하려는 우를 범한다는 사실이다. 하지만 어떤 공식도 없다. 성령은 자신이 갈 곳으로 움직인다. 그러나 성령과 함께하는 일의 단서나, 우리 마음을 움직이는 어떤 유형들이 있다. 이 중 하나는 영적으로 갱신되는 일이다. 영적 갱신이란 우리가 앞서 언급했던 공허와 파산, 광야, 부족함과 필요, 배고픔에 대한 인식으로 이끌리는 것, 계속해서 하느님께로 되돌아가는 것을 의미한다. 이를 따라 또 다른 유형이 나타난다. 끈질기게 기다리며 구하고 찾고 두드리는 것이다. 이러한 참여는 우리 모두에게 요구된다. 이를 위해서는 물론 시간이 필요하다. 다양한 사람들, 다양한 전통, 다양한 교회에 따른 다양한 형태들을 가정해야 할 것이다. 그러나 약속은 구하는 자가 받는 것이며, 찾는 자는 얻을 것이고, 두드리는 자에게는 문이 열릴 것이다. (루가 11:9-10) 잘 알려진 이 말씀이 어떻게 성령을 구할지에 대한 이야기 안에 포함되어 있음을 주목해야 한다. 이 이야기는 기도에 대한 가르침의 맥락에서 등장하며, 그 바로 앞에는 모든 필요를 채우시는 하느님께 의존해야 한다는 말씀이 등장한다. '구하여라, 찾아라, 두드려라'가 맺는 결실은 여섯 번이나 반복될 정도로 강조된다. '이뤄질 것이다. 이뤄질 것이다. 이뤄질 것이다. 이뤄질 것이다. 이뤄질 것이다. 이뤄질 것이다.'

다른 방식으로 생각해보고 싶다면 요한의 그림을 참고할 필요가 있다. (요한 7:37) 그러나 이 유형도 근본적인 면에서는 같다. '목마르면 와서 마셔라.' 결과 또한 같다. '목마른 세계를 위한 물, 즉 성령이 주시는 생명이 흘러넘칠 것이다.'

성령을 구하는 일은 사실 단순한 일이다. 그러나 쉬운 일은 아니다. 우리가 이미 살펴봤듯이 성령을 구하는 장소로 나아가는 일은 곧 우리 자신을 광야로 내모는 일이기 때문이다. 그러나 어린이와 같이 되기를 요구한다는 점에서는 단순하며, 마침내 우리가 알게 되는 것은 하느님 없이는 아무것도 하지 못한다는 것이다. 성령의 체험, 성령과 함께하심, 우리 가운데 살아서 움직이고 활동하심이 없다면, 선교를 이루는 영성이란 진정으로 있을 수가 없다. 영성이라고 하는 그 자체가 '보냄을 받은 자', 즉 선교를 위한 것이기 때문이다. 성령을 구하는 것은 위험을 감수하는 것일 수도 있다. 하느님께서 성령을 보내실 때 무슨 일이 벌어질지 누가 알겠는가? 성령은 안전한가? 다른 식으로 말하자면, 그렇지 않다. 성령은 안전하지 않다. 그러나 성령은 선하다.[7)]

구하는 것과 기대하는 것

구한다는 것은 무언가 받을 것이 있음을 전제하는 행위다. 광야가 우리에게 의존해야 한다는 점을 가르칠 때, 우리가 아버지께서 우리에게 성령을 보내시고자 한다는 말씀을 진지하게 받아들일 때, 우리는 무언가 기대하기 시작한다. 기대를 품은 기다림은 우리가 어떤 사안을 단순히 떠안고 있는 게 아니라, 어떤 예상을 가지고 기대한다는 의미다. 성령이 주시는 선물은 우리를 놀라게 한다. 우리는 우리 자신이 하나님을 필요로 한다는 사실을 기억해야 한다. 우리 시대를 향한 선교를 펼쳐야 할 때, 우리에겐 하나님이 필요하다. 기대하는 기다림은 믿음을 직조한다. 우리는 우리가 원하는 것을 받게 될 것이라 믿는다. 위험을 무릅쓰고서라도 이 믿음을 품을 준비가 되어 있는가?

성령을 받기

성령이 오시는 일의 신비를 격하할 위험에도 불구하고, 교회는 오랜 기간 성령을 받기 전과 후를 명백히 알아차릴 수 있다고 말해왔다. 성령을 받는 일에서 흔히 거론되는 압도적인 경험이 항상 수반되는 것은 아니다. 성

7 C. S. Lewis, *The Lion, The Witch and the Wardrobe*, Lion Publications, 1980, p. 75.

령이 오시면 우리 삶은 성서가 말하는 열매를 맺기 시작할 것이다. 방탕하게 살았던 사람에게도 적용되는 말이지만, 평생 신실하게 교회를 다녔던 우리에게도 적용되는 말이다. 그렇기에 성령이 내리기를 구하는 공식적인 기도가 중요해진다. 그러나 명심하자. 성령은 어떤 공식을 통해 나타나시지 않는다. 성령은 성찬 중에도 우리에게 오신다. 시리아의 성 에브라임은 이렇게 말했다.

> 믿음으로 이 빵을 먹는 사람은 동시에 성령의 불도 삼키는 것입니다.

성령은 하느님의 말씀을 먹을 때도 오신다. 어떤 사람, 어떤 공동체에서는 공식적인 간구 행위와 그에 따른 응답을 믿는 일이 매우 중요한 표식일 수 있다.

하느님을 신뢰하기로 결정하고, 구하면 받을 것이라 믿는다면 이제 가장 중요해진 일은 신앙으로 기꺼이 감사하는 일이다. 마리아는 자신이 받은 약속을 손에 잡히는 현실로 경험하기 전에 천사가 한 약속을 근거로 갑작스레 감사의 노래, 찬미를 드리기 시작했다. 감사는 신앙의 행위다. 이전에 성령을 간구했으나 아무런 일도 일어나지 않아 실망했던 사람들에게 감사에 대한 질문은 하나의 열쇠가 될 수 있다. 단순히 구하는 기도, 그에 뒤따르는 감사의 행동은 하느님의 행위에 근거하고 있다. 하느님께서는 약속하셨기에 반드시 주실 것이다. 성령이 오셔서 우리 삶과 경험 안에 눈으로 볼 수 있는 열매를 허락하시리라는 것을 믿기로 결정하는 것이다. 어쩌면 이것이 필요한 전부일지도 모른다.

하느님으로 가득 차기

하지만 우리가 신실한 교인들에게 성령으로 가득 차야 한다고 말할 수 있을까? 모든 그리스도인은 그리스도의 영을 받은 사람들 아닌가? 그렇기도 하고, 아니기도 하다! 물론 그리스도께서 안에 거하시지 않는데 그리스도인이 될 수는 없다. 하지만 사랑과 기쁨, 평안이 넘쳐흐르는 것, 하느님께 푹 젖어든다고 느끼는 것, 교회가 앞서서 선교해나가시는 하느님을 따라 적절한 반응을 드러내는 것, 이런 것들이 성령의 충만함을 확인하는 기준이 될 것이다. 우리는 성령으로 충만하지 않다는 사실을 깨달았으면서도 우리 상태를 정직하게 인정할 수 있을까? 선교를 위해 하느님께 더 많은 것을 요구하면 안 되는 것일까? 바울이 에페소 교회 교인들에게 성령을 가득 받길 권면하면서 그 말을 현재 시제로 전했다는 점에 주목해야 한다. 말 그대로 "성령을 가득히 받으십시오"(에페 5:18)라는 말은 우리가 현 상태에 안주해서는 안 된다는 말이다. 그것은 곧 죽은 것이다.

누림, 기쁨, 즐거움

성령의 충만함에 대해 말할 때 카리스마 운동이라고 알려진 특정 운동을 받아들여야 한다고, 그런 은사를 지니고 사역해야 한다고 주장하는 것은 아니다. 하지만 우리의 교회는 매일 반복되는 일상에서 하느님의 영이 함께하시는 건강하고 역동적이며 살아있는 경험을 해야 한다. 이런 의미에서 교회는 카리스마적으로 활동해야 한다. 힘을 주어 말하자면, 이것이 하느님께서 우리에게 성령을 보내신 이유일 것이다.

우리는 성령의 선물을 통해 하느님을 친밀히 알아가게 될 것이다. 그 관계를 누리며 기뻐하고 즐거워할 것이다. 이 누림, 기쁨, 즐거움은 하느님의 모든 자녀에게 베풀어진 그의 유산이다. 우리가 온 세계에 전해야 할 기쁜 소식이다. 우리가 이 선물을 받지 못했다면, 세상을 향한 기쁜 소식을 전하기란 불가능하다.

다른 차원의 선교

하느님께 깊이 의존하는 기도는 우리 자신만이 아니라 세상을 위한 것이기도 하다. 우리가 세상을 향해 움직일 때, 세상을 위한 중보는 우리 기도의 차원을 몇 단계 올려준다. 우리는 다른 이를 하느님의 임재 안으로 데려온다. 지저스 펠로에 속해 거리에서 선교를 담당하던 한 젊은이는 이렇게 말했다.

> 기도는 하느님과 함께 신비로운 곳으로 떠나기 위한 특별한 일이기는 하지만, 내 앞에 있는 이의 얼굴, 그들의 필요를 지속적으로 마주하는 24시간, 일상에서 이루어지는 일이다.[8]

8 Questionnaire, 2003.

우리가 진정으로 보거나 묵상하기 시작할 때, 가장 자연스럽게 나타나는 반응은 중보다. 중보의 과정에서 선교를 위한 배경이 형성된다. 중보는 가장 힘들고 요구사항이 많은 작업일 수 있다. 진정한 중보는 주일 예배에서 드리는 의례적인 중보와는 꽤 다를 수 있다. 중보는 우리가 분투하고 있다고 부를 만한 상태보다 더 깊은 차원에서 나타날 수 있다. 중보와 십자가가 매우 깊이 연결되어 있기 때문이다. 십자가는 중보가 행동으로 드러난 것이다. 또한 중보는 해방신학, 사회구원의 신학과도 깊이 연결되어 있다. 세상이 진정한 자유를 얻도록, 세상의 저 밑바닥에 내려가서까지 씨름하면서 드리는 기도이기 때문이다.

남편 데이비드가 문을 열고 들어왔을 때 제인은 주방에 있었다. 그녀는 남편이 땀에 흠뻑 젖어있음을 발견했다. "무슨 일이에요?"라고 그녀가 물었고, "루스를 위해 기도했어"라고 남편은 간단히 대답했다. 루스는 신장 이식을 준비하는 소녀였다. 신장 이식 수술은 성공했고, 소녀는 다시 삶을 얻었다.[9)]

싸움, 분투로서 기도는 예수의 사역에서도 볼 수 있다. 악한 영이 들린 한 소년의 치유 이야기에서 예수는 마귀들을 내쫓을 때 기도한다. 우리는 여기서 그의 사역과 기도의 관계에 대해 생각해볼 수 있다. (마르 9:28-

9 데이비드와 제인 존슨은 당시 요크 교구에 속해 있었다.

29) 바울 역시 "나를 위해 기도해주십시오. 내가 말을 할 때 할 말을 하고, 복음의 심오한 진리를 전할 때에 담대하게 말할 수 있도록 하느님께 기도해주십시오"(에페 6:19)라고 부탁했다. 이 구절은 바울이 권세와 세력, 악신과 암흑세계의 지배자들, 하늘의 악령들과의 싸움에 대해, 그리고 에페소 교회가 하느님의 무기로 완전하게 무장해야 한다고 전하는 편지에 등장한다. 사막의 교부와 교모는 악마와 투쟁하는 것에 대해 잘 알고 있었다. 그 투쟁은 평생 동안 감당해야 할 분투다. "종교적인 삶을 살 때, 노동하면서는 약간의 휴식을 취할 수 있다. 그러나 기도는 마지막 숨을 내쉬는 순간까지 쉴 수 없다. 그것은 격렬한 충돌과 고통을 포함한다."[10]

기도하는 사람들에게 이 분투란 우리가 인지하는 자연적 모습을 넘어, 우주적인 영역에까지 가 닿는다. "비록 숨겨져 있으나 세계의 형태와 지배, 미래를 위한 이 보이지 않는 분투는 엄청난 것이다." 월터 브루그먼 Walter Brueggemann은 십자가에서 일어난 일에 대해 말하면서 구원의 드라마 자체는 투쟁적인 특징을 갖고 있기에, 그 특성을 이해하지 않고는 참된 복음을 전할 수 없다고 주장한다. 모든 사람이 이러한 복음 이해에 동의하는 것은 아니다. 그러나 중보에 뛰어든 사람들은 중보가 매우 엄중한 요구라는 말에 동감하며, 중보기도를 하는 시간 동안 보이지 않는 어떤 힘들과 씨름하고 있음을 느낀다. 물론 궁극적인 승리는 전세가 완전히 역전되는 십자가 위에서 이뤄진다. 그러나 그 일은 아직 완전히 실현

---

10 Helen Waddell (trans.), *The Desert Fathers*, Constable, 1936, p.157.

되지 않았다. 끝맺어야 할 작업이 남아있다. 이는 모든 그리스도인이 짊어져야 하는 일이다.

원래는 주님께 원하는 사람을 보내주시고, 우리와 함께 일할 누군가가 준비되게 해달라고 기도할 참이었다. 그리고 기도는 소수의 기도 모임 안에서만 이뤄질 예정이었다. 그런데 3년이 지난 지금은 기도의 목표는 선교를 위한 것으로 확장됐고, 소모임의 기도는 도시 안에서 소외당하는 사람들을 향하게 되었다. 이러한 변화는 교회에서 이뤄진 기도 모임, 그에 대한 평가와 공유로 진행되었다. 게다가 칼네의 여러 교파, 영국 성공회, 자유주의자들, 가톨릭 신자들이 함께 선교를 위해 기도했다. 중보기도는 교파를 초월해 점점 더 넓어지고 있었다.[11)]

우리는 꾸준히, 포기하지 않고 지켜보아야 한다. 진젠도르프Zinzendorf 백작의 그리스도교 공동체는 1727년 대각성 운동 이후 100년간, 24시간 지속되는 갱신과 부흥을 위한 기도 모임을 유지했다. 그와는 다른 전통에 속한 토머스 머튼Thomas Merton은 하느님의 통치가 임하기를 바라고 간절히 기다리는 사람, 지켜보는 사람watcher이 있어야 할 자리를 기록했다.

11 John Kelleher, questionnaire, June 2005.

우리는 고독의 끝자락에 선 망명자들,

우리는 선포되는 소식을 들으며 산다.

우리는 이해할 수 없는 하늘에 마음을 두고 산다.

그리스도께서 승리하시는 북소리가

먼 곳에서부터 들려오길 기다리며 산다.

우리는 세상의 경계에 보초병으로 배치돼 산다.[12)]

꾸준히, 계속해서 지켜보는 일은 쉽지 않다. 쉬지 않고 주의를 집중해야 한다. 또 경계해야 하며 깨어있어야 하고 하느님 앞에 세계를 붙들어 두어야 한다. 조용히, 유난스럽지 않게, 말씀으로 이 모든 일을 해나가야 한다. 이것이 선교를 위해 나선 교회가 감당해야 할 숨겨진 과업이다. 이는 다른 차원에서 시작하는 선교다. 하느님을 향한 문을 계속 열어두어야 한다. 때로 우리는 이 문을 계속 열어두게 하는, 우리를 내리누르는 강력한 힘을 느낀다. 이는 우리를 더 뻗어 나가게 하고, 동시에 흥분하게 하는 근원이다. 기도해야 할 때, 소매를 걷어붙이고 기도로 나아오는 교회는 온 세계를 향해 보내진 선교적인 교회가 될 것이다.

12 Cited by Kenneth Leech, *True God*, Sheldon Press, 1985, p.148.

08

메시지와 메신저

가서 하늘나라가 다가왔다고 선포하여라. (마태 10:7)

예수의 친구들을 선교하는 이들로 변화시킨 어떤 사건이 발생했다. 어떤 강력한 힘이 그들에게 전달된 것이다. 그들은 말 그대로 극적으로 변했다. 삶을 살아가는 방식이 변한 것이다. 개인의 삶이 예상 가능한 형태에서 전혀 다른 방식으로 바뀌었다. 그들은 사도, 즉 전달해야 할 메시지를 품은 사람, 메신저로 보내진 자신들을 발견했다. 그들은 엄청난 모험을 감당해야 했고, 심지어 그들 중 일부는 하느님의 뜻을 지켜내기 위해, 그것을 전하기 위해 핍박과 죽음을 맞이해야 했다.

그들이 전한 엄청난 이야기와 주제를 볼 때, 그리고 그 이야기들은 결국 그들이 흘린 피의 대가로 기록될 수 있었다는 사실을 볼 때, 초기의 메신저들이 열정적이면서도 두려운 마음으로 그 메시지를 받아들였으리라

추측할 수 있다. 그러나 그들이 복음 전도에 참여하라고 서로를 격려하고 권면했다는 기록은 어디에도 남아있지 않다. 오히려 선교는 방해 없이 자연스럽게 발생했다. 베드로와 요한은 "우리는 보고 들은 것을 말하지 않을 수가 없습니다"라고 했고, 루가는 어떻게 그들이 '하느님의 말씀을 담대히 전하게 되었'는지 보고하였다. (사도 4:20, 31) 모든 일은 쉽게 진행되었다. 그렇다고 그들이 사려 깊게 말하지 않았다는 뜻은 아니다. 이를테면 바울은 아테네의 문화에 매우 조심스럽게 접근하고 있다. 하지만 그들은 자신들이 반드시 공유해야 할 좋은 소식을 가지고 있다고 여겼던 것이 분명하다. 그리고 그것을 전하기를 그들 스스로 원했던 것도 분명해 보인다. 첫 제자들에 대해 밝혀진 것들에 근거할 때 그들이 인간적으로 어떤 뛰어난 장점이 있는 것은 아니었다. 그들은 오합지졸에 불과했다. 그들의 충성에는 오류가 가득했고, 때마다 자신만을 위했으며, 따지기 좋아했다. 신학적 깨달음은 느렸고, 서로 경쟁적이었다. 심지어 그들은 '배운 것이 없는 천한 사람들'(사도 4:13)이었다. 그러나 어떤 연유에서인지 그들은 전달해야 할 메시지를 널리 전달하게 된 것으로 보인다. 그들은 그 메시지에 사로잡혔고, 그 말을 확신했다. 전달해야 할 메시지, 그리고 그것을 전달하는 일은 세계에서 가장 중요한 일이 되었다. 어떻게 이런 일이 일어났을까?

우리는 이미 성령께서 권능으로 함께하시는 일이 선교의 근본 요소임을 이야기했다. 하지만 성령께서 오시는 것보다 우선되는 다른 무언가가 있다. 사실 성령은 이 우선되는 사건 없이 교회에 오실 수 없다. 이 사건은 선교를 이루는 영성이 자라기 시작하는 씨앗이다. 이 사건으로 전무후무한 일이 발생했음을 확신할 수 있다. 이 사건은 세계에 관하여, 우리가 무언가를 이해하는 방식에 관하여, 그리고 미래에 관하여 모든 것을 변화시켰다.

복음의 중심

선교를 이루는 영성의 중심에는 하나의 거대하고 가장 중요하며 당황스럽지만 기쁨으로 가득 차 있고, 생명을 주는 발견이 놓여있다. 그것은 예수께서 살아나셨다는 것이다. 모든 것은 바로 여기에서부터 진정으로 시작될 수 있다. 성육신의 의의, 십자가의 신학, 용서의 의미, 오래된 율법의 극복, 새로운 피조물로서의 탄생, 죽음의 멸망과 교회의 시작, 성령의 부으심, 즉 기독론과 구원론, 교회론에 대한 설명과 해명은 예수가 살아나셨다는 이 핵심적인 사실 없이는 아무 의미도 없다. 심지어 '예수는 주님이다'라는 명제 역시 예수가 살아나셨다는 우선되는 발견 안에서 확실시된다. '예수가 살아나셨다.' 그리고 따라서 '예수가 진짜 주님이다'는 진리가 된다.

> 그리스도교는 일차적으로는 소식이다. 그리고 오직 이차적으로만 견해가 된다.[1)]

---

1 Lesslie Newbigin, *A Faith For This One World, Wyvem Books*, 1965, p. 48

메시지를 마음에 새기는 일

예수가 살아나셨다는 중요한 확신은 선교활동을 하는 개인의 머리와 마음에 단단히 새겨져있으며 마음속에는 이 진리가 불타오르고 있다. 전달해야 할 메시지와 메신저는 하나가 된다. 메시지를 자주 나눌수록 메신저 안에서 이 메시지는 다시 불타오른다. 이러한 역설에도 불구하고, 이 확신을 다른 사람과 공유하는 것은 이차적인 문제다. 다른 무엇보다도, 전달해야 할 메시지 자체가 메신저를 가르치고 형성한다. 전달해야 할 메시지는 듣는 사람의 인격에 강력하게 영향을 미친다. 그리고 그 한 사람의 인격을 통해 사람들의 공동체로 스며들어간다. 이는 전적으로, 그리고 말 그대로 변혁적이며, 메시지를 전달받은 사람은 이후 다시는 전과 같을 수 없다.

> 그녀는 남들에게 연민이라곤 없는 차가운 사람이었습니다. 공동체의 모든 사람들이 그녀를 어려워했기 때문에 무슨 일로도 그녀와 엮이고 싶어 하지 않았습니다. 그녀는 전통적인 성가대가 사라지는 등 교회에 발생한 변화 때문에 매우 화가 나있었어요. 교회 구성원인 우리는 그녀가 어떻게 굴든 무조건 그녀를 사랑해야 한다고 생각했지만, 정말 쉽지 않았어요. 우리는 집에서 열리는 그리스도교 기초 강의에 그녀를 초대했고, 그녀는 이 만남을 통해 예수께서 그녀를 사랑하신다는 것을 발견했습니다. 그녀는 기쁨으로 가득 찼고, 성격도 완전히 바뀌었죠. 그녀에게 발생한 이 변화는 그

녀의 새로운 모습을 처음 본 사람들과 그녀의 가족들에겐 증거가 되었습니다. 그녀의 남편도 교회에 참석하기 시작했지요. 그런데 얼마 지나지 않아 예상치 못하게 그녀는 세상을 떠났고, 우리는 그녀의 갑작스러운 죽음으로 비탄에 잠겼습니다. 모두가 진심으로 그녀를 사랑하고 있었던 것이죠. 그녀의 남편은 세상을 떠날 때까지 그녀의 흔적이 남아있는 교회에 머물렀습니다.2)

깊은 웅덩이, 거품이 이는 분수

선교를 수행하는 공동체는 예수가 살아나셨다는 확신을 그들 가운데 새기고, 그 확신으로 불타오르는 곳이 될 것이다. 이 확신은 깊이 있고 조용하게 지속되거나, 혹은 기쁨과 활기가 넘쳐 공동체의 표면으로 드러날 수도 있다. 그러나 어쨌든 틀림없이 그곳에 있을 것이다. 확신은 의심과 어둠의 시간, 해결하고 싶은 문제들, 숙고해야 할 신비들을 배제하지 않는다. 3장에서 이미 봤듯이 하느님과의 관계는 우여곡절 끝에 얻게 되는 생생한 만남이다. 그가 우리와 맺는 관계의 방식에 관하여 우리가 궁금해하거나, 의심하거나, 혼란스러워하거나, 화를 내는 특정한 시간 동안에도, 우리는 그가 살아나셨다는 확신을 붙들 수 있다. 심지어 현실에서 확신의 경험을 뒷받침하는 무언가를 경험할 수도 있다. 그것은 비이성적이

2 윈코뱅크 성 토머스 교회 구성원의 회고.

라기보다 내적인 일관성을 지니는 신념이다. 이는 심리적인 사건들이라기보다는 역사적인 사건에 근거한 주장이며, 이는 탐구되고, 설명되고, 분석되며, 논란이 되고, 논의될 수 있는 사건이다. 이 사건은 실제의 구체적인 장소와 시간에 존재했던 역사 속의 한 인물, 한 사람에 초점을 맞추고 있기 때문이다.

예수가 살아나셨다는 말은 메신저들이 말과 행동으로, 이러저러한 방식으로 선포하고 전달해야 할 메시지다. 그렇다고 해서 이 전달해야 할 말의 내용이 단지 두 어구(영어로는 세 단어 Jesus is alive)로 축소될 수 있다는 뜻은 아니다. 또한 그 선포가 반드시 예수 그리스도에 대한 소식으로 시작해야 한다고 말하는 것도 아니다. 이러한 경우는 매우 드물며, 대개 우리는 훨씬 더 멀리 거슬러 올라가야 한다. 5장에서 살펴본 두 젊은 평신도인 로렌스와 베스 키스의 경우처럼 말이다. 그들은 교회를 떠났거나, 그리스도교 가치관을 전혀 지니지 않은 사람들을 만나기 시작했을 때, '어떻게 선교를 위해 그들에게 나아가고, 어떻게 그들 스스로의 몫으로 남겨둘 수 있는가'에 대해 경험했다.

한 회의에서 우리는 그들에게 씨름하고 있는 단어나 개념에 대해 말해달라고 요청했다. 우리는 강력한 지도력을 갖춘 교회였기에, '지도력'이나 '전망'과 같은 것을 기대했지, '기도', '예수', '공동체'와 같은 단어는 생각지도 못했다. 사람들은 그들이 안전하다고 느낀 환경에서, 자신들의 상처를 고스란히 드러냈고, 많은 눈물을 흘렸다. 그리고 우리가 포스트모던 시대를 사는 사람들에게 다가서려면, 훨씬 더 멀리 거슬러 올라가 새롭고 적절한 토대를 구축해야 한다는 사실을 깨달았다.[3)]

미래의 존재를 알리는 신앙의 중요성

선교의 '선포'라는 측면은 하느님께서 사랑을 베풀어 구원하시는 방법과 그 이유에 대해 설명하는 설교로 이해되면서 성직자의 임무로만 여겨져 왔다. 물론 이러한 종류의 설교 역시 매우 중요하며 때로는 필수적이다. 그러나 좋은 소식을 선포하는 방식이 설교에만 있는 것은 아니다.

근본적으로 케루소κηρύσσω(설교하다, 선포하다)는 어떤 사건을 말과 이적으로 공표하는 것을 뜻한다. 말이나 행동으로 공표하는 바로 그 행위는 미래를 보여주는 힘을 가지고 있다. 이것은 믿음에 의지하고, 믿음을 이용하기 때문에 가능하다. 사실 믿음이 모든 노력의 처음이자 중간이고 끝이다. 하느님의 통치가 지금 침투해 들어왔다는 것을 우리가 공표하고 예고하며 소개하는 일은 모두 믿음에 의해 이뤄지는 것이다. 미래의 현존을 만드는 행위, 실체화된 종말론의 행위를 선포하는 행동은 믿음에 의해 이뤄진다. 그렇기에 교회가 하는 성찬례는 선교적이라고 표현할 수 있다.

딜 타운의 카펜터스 암스 교회는 구도자 예배를 시행하는데, 예배에 대한

3 Laurnce Keith, 'How we went and had to let go', 2006.

그들의 철학에서 눈에 띄게 놀라운 점은 복음을 선포하는 방법으로 성찬을 경험하게 하는 것이다. 매달 빵과 포도주를 나누는 것으로 복음을 가르치는 것이다. 사람들이 빵과 포도주를 받는 동안 그리스도가 그들 가운데 내재하신다는 것이 강조되었다. 다른 대안적 예배를 위한 모임이나 젊은 세대를 위한 교회를 만들려는 사람들 역시 비슷하게 성찬 안에서 복음을 선포하는 힘을 발견했다고 보고한다. 성찬에 참여하는 사람들은 그리스도께서 들어올려지실 때 우리도 그에게 들어올려진다는 것을 점차 확신하게 된다. 앨런의 말을 빌리면 카펜터스 암스 교회가 선포하는 복음에서 가장 중요한 부분은 '사람들이 성찬을 통해 복음을 듣기만 하는 것이 아니라 복음에 직접적으로 반응한다는 점'이다.[4)]

하느님께서 우리 가운데 무엇을 하고 계시는지 이해할 수 없고 불확실성으로 가득 차 있어, 우리의 삶이 고단할 때조차도, 다시 살아나신 예수 안에서 갖는 신앙, 기쁨과 신뢰로 믿으려고 하는 신앙은 선교를 이루는 영성의 가장 주요한 특성이다. 이러한 신앙은 감정에 의해 좌우되지 않는다. 이 신앙이 없다면 선교를 위한 순례의 길에서 멀리 벗어날 수도 있다. 물론 순례를 수행할수록 선교 영성은 자라고 발전한다. 그렇기에 주님을 향한 신앙으로 살고자 노력하는 사람을 볼 때, 보는 사람의 신앙 역시 건강해진다. 그렇다면 신앙이 교회 안에서 점점 쇠퇴하는 이유는 혹

4 *Encounters on the Edge*, No. 7, p.11.

시 교회가 '정착'에 중점을 두는 것과 관련 있지는 않을까? 선교 그 자체, 전달해야 할 메시지를 들고 교회 밖으로 나가는 일이 깊이 잠든 신앙을 깨울 수 있지 않을까? 인식조차 되지 않아 사용도 못 하고 오늘날 교회의 가슴속에 깊이 잠겨 있는 신앙이 표면으로 솟구쳐 나올 수 있지 않을까?

선포자들은 누구인가? 그들은 어떻게 선포하는가?

전달해야 할 메시지를 교회 밖으로 가지고 나와 길 위에서, 저 밖에까지 전달하는 것이 선교의 일이다. 그렇다면 그 말을 어떻게 전달할 것인가? 하느님 나라를 어떻게 선포할 것인가? 이는 각 그리스도교인과 교회가 품는 질문이다.

> 수와 에드윈은 셰필드 중심가에 있는 저택에 산다. 그들은 매주 목요일 저녁이면 넓은 두 개의 식탁에 정성껏 준비한 음식, 유기농 소고기, 집에서 만든 빵, 신선한 채소, 입에서 살살 녹는 디저트 등을 차려놓고 사람들을 초대한다. 길 위의 사람들이 이 저녁식사 자리에 온다. 그들은 아무 데서나 불법적으로 거주하는 젊은 사람들, 감옥에서 막 출소한 사람들, 중독자들, 살 곳이 없는 사람들이다. 20여 명까지 올 때도 있다. 그들은 진정한 사랑으로 환대받는다. 가족과 친구들 사이에 있는 것처럼 말이다. 수와 에드윈, 그리고 그들과 함께 이 저녁을 준비하는 사람들, 초대받은 사람들은 모두 둘러앉아 함께 식사하며 그동안의 소식을 서로 주고받는다. 식사 후에는 간단

한 퀴즈 게임을 하며 즐긴다. 만일 당신이 불법 거주자이며 존재 자체도 없는 사람처럼 느껴질 때, 퀴즈의 정답을 맞히고 모든 사람이 당신에게 "정말 잘했어요"라고 말해준다면, 당신은 자신을 어떻게 생각하게 될까? '이만하면 괜찮다, 살아 숨 쉬어도 된다'라고 느끼지 않을까?

어느 날, 주교가 방문했다. 식사 중간에 그는 빵을 집어 들었고, 주변은 갑자기 조용해졌다. 식탁 한가운데서 그는 말했다. "목요일 밤에 예수는 그의 친구들과 식사하셨습니다. 그가 죽기 전날 밤이었습니다. 그는 빵을 들어 감사기도를 드렸고 축복한 후, 이를 그의 친구들에게 나누어주었습니다. '이는 내 몸이다. 이를 행하며 나를 기억하라.'" 그런 다음 주교는 식탁 주위에 앉은 사람들에게 빵을 돌렸다. 그는 그다음에 블랙커런트로 만든 주스가 담긴 병을 집어 들었다. "예수는 말씀하셨습니다. '이것은 나의 피다. 이것을 마실 때마다 내가 너희를 위해 죽었음을 기억하라.'" 그는 블랙커런트 주스를 컵에 따랐고, 테이블에 모인 모두는 그것을 함께 마셨다. 그들이 먹고 마시는 동안 젊은 사람 중 몇몇은 흐느꼈다.

말과 행동으로 하느님 나라를 공표하는 것, 말씀을 소리 내어 말하고 몸을 움직여 하느님 나라를 선포하는 것은 선교의 순례가 이루려는 목적이다. 메신저에게 주어진 메시지는 바로 그 가운데 있고, 메신저는 자신과 만나는 사람들이 이해할 수 있는 방식 안에서 적절하게 메시지를 전달하게 된다. 전달한다는 것은 몸과 마음의 치유, 삶의 회복을 포함한다. 버림받은 사람이 돌아오고, 마귀를 내쫓는 일이다. (마태 10:7, 8) 이는 개인만이 아닌 전체 공동체가 변화되는 능력이다. 전달해야 할 메시지의 특성상, 그 말의 시작과 목적상, 그 말과 그 말을 선포하는 사람들에게는 당연히 선교적인 신뢰가 생기게 된다. 오늘날과 같은 불확실성의 시대에, 이 신뢰는 어떻게 해서 자라나게 되는 걸까?

신뢰의 위기

우리는 이미 신앙의 문제에서 발생하는 신뢰의 위기에 대해 1장에서 세세하게 다루었다. 대중은 종종 신뢰와 열성, 극단주의를 혼동하곤 한다. 만일 우리가 예수 그리스도가 살아나셨다고 믿는다면, 그리고 초기 교회가 그랬듯 우리의 중심에 이 믿음이 굳게 자리 잡고 있다면, 진리라는 말을 마주할 때마다 지치고 짜증이 나는 지금 세대의 사람들에게 이 민감한 진리를 어떻게 선포할 것인가? 1장에서 나눈 주요 질문을 다시 끄집어내어, 우리 시대에 소통될 만한 그리스도교의 신뢰가 있다면 전체 교회는 어떻게 이 진리를 시대에 전달할 수 있을까? 어떻게 성직자만이 아닌 평신도들까지 선교를 위해 사는 사람들의 자유를 얻게 할 수 있을까? 이러한 질문들로 오늘날의 선교가 기쁘게 감당해야 할 일을 식별해볼 수 있다. 이러한 질문들은 교회가 할 수 있는 새로운 표현들이 무엇일지 고민하고 애쓰는 사람들에게도 질문거리다. 전체 교회가 가지고 있는 이러한 질문들은 또한 모험과 발견의 순례로서 모든 이에게 열려있는 물음이다. 새로이 발견하는 증거와 증언에 감사할 수 있을 때 우리는 한 발 더 앞으로 나아가게 될 것이다.

진리를 품은 이야기들

만일 복음이 진리를 품고 있다면(물론 그리스도교인으로서 우리는 복음에 진리가 담겨있다고 믿는다) 그 진리는 우선 개인이 말하는 증언을 통해 전달될 것이다. 복음은 예수를 만나 그들의 삶이 변화되어 다시 형성된 사람들의 이야기로 구성된다. 우리는 단지 마태오, 마르코, 루가, 요한의 복음서를 가지고 있는 것이 아니다. 자캐오라는 세관장의 복음(루가 19:1-10), 이름 모를 소경 두 사람의 복음(마태 9:27-31), 예수께서 축복하신 어린아이들의 부모들이 가진 복음(마르 10:13-16), 나인 성 과부와 그녀의 아들의 복음(루가 7:11-15) 또한 갖고 있다. 말 그대로 수백 개의 복음 이야기가 있다. 당연히 그 이야기들은 하나로 모여, 동일한 방향성을 갖는 하나의 큰 이야기를 들려준다. 하지만 이 모든 이야기는 기본적으로 어느 한 사람이 각 사람에게 끼친 영향에 관한 이야기다.

문화 속에 퍼지는 증언

이야기들은 성서의 교리로 사건을 설명하면서 결론 내지 않는다. 꽤 현실적인 의미에서 교리는 여전히 열려있다. 복음 이야기들은 지금도 여전히 기록되고 있고, 이를 부정할 수 없기 때문이다. 이런 의미에서 현대를 사는 사람들도 역시 한 사람에 의해 그들의 삶이 변화되고, 표식을 갖는 경험을 한다. 이것도 현 시대에 우리 속에서 예수로 인해 벌어지는 복음 이야기다. 증언의 이야기들에는 단지 논쟁이나 교훈을 주는 것 이상으로 변화를 일으킬 힘이 있다. 현대 문화는 이 증언에 여전히 열려있다. 텔레비전의 어떤 토크쇼든 출연자들은 모두 자신에 대해 증언한다. 빌리 코널리는 폭력적인 아버지 밑에서 살아남은 이야기를 말하고, 데이비드 베컴은 자신의 결혼생활, 명성, 자신이 사랑하는 축구에 대해 말한다. 더 들어가 보면 잘 알려지지 않은 평범한 사람들도 그들이 겪은 삶의 경험들, 마약, 학교, 도덕적 실패, 이혼, 사고, 폭력, 트라우마에 대해 말한다. 우리가 보는 증언들은 바로 이 시대 안에 있다.

교육기관에 대한 신뢰가 떨어지고, 가족 안의 지혜가 전승되지 않고, 지혜를 익힐 기회가 줄어들면서, 사람들은 삶을 어떻게 살아야 하는지에 대한 다른 사람들의 말에 귀를 기울이게 되었다. 이는 경험들이 기꺼이 공유되는 인터넷 블로그, 텔레비전, 라디오, 휴대폰, 비디오 등 첨단 기술 매체들의 도움을 받아 가능케 되었다. 개인의 순례 여정을 고스란히 담고 있는 평범한 이야기들이 단지 평범한 사람들에게만 해당하는 것은 아니라는 사실도 깨닫게 되었다. 2005년 7월 7일 런던에 투하된 폭탄 테러와 2주 후 실패한 테러의 생생한 현장은 휴대폰과 비디오로 기록되었고, 사람들은 이 장면을 각지에 공유했다. 모든 사람은 자신의 관점, 이야기하고픈 자신의 이야기를 엮어 더 큰 이야기를 만들었다. 저널리즘 분야의 선두적인 연구를 하는 한 교수는 유감을 표하며 이렇게 말했다. "기자들은 인류 역사에 대해 초고를 쓰는 자신들의 역할을 상실했다."[5]

나한테는 효과가 있었어요

우리 세대는 진실을 말하는 데는 매우 조심하지만, 그러나 증언에는 여전히 활짝 열려있다. "나한테는 효과가 있었어요"라는 반응은 우리 문화 안에서 존중할 만하고 실용적인 실험이었음을(영성과 관련한 일들도 포함하여) 말해주는 반응이다. 그러나 '내게 효과가 있었던 이유', 그리고 '내게 작용한 방법(사물의 존재학)' 등은 그 실제 이야기에 비해, 신학이라는 학문이 복음의 이야기들과 맺는 관계처럼 부차적으로만 중요하다. "나한테는 효과가 있었어요"라는 반응은 이야기가 조종하려 들지 않고 변화를 일으켰다는 말이다. 증언은 이를 들은 사람에게 도전이 되고, 예언적이며, 충격과 자극, 동요와 즐거운 활력을 주고, 자유를 허락한다. 이는 바로 증언이 나오게 된 살아있는 이야기의 힘이다.

"나한테는 효과가 있었어요"라는 반응을 단지 영적인 소비지상주의라고 평가절하할 수만은 없다. 이 반응은 그 너머에 잠재돼있는 밑바탕의 철학과 힘에 대해 궁금증을 자아내기도 한다. 선천적으로 앞을 보지 못하는 남자의 이야기 속에서, 우리는 그가 표현하는 혼란과 분노를 볼 수 있다. 그는 특별한 재능이 있거나 똑똑한 신학자가 아니다. 그는 그저 자

5 Roy Greenslade 교수의 Radio4 인터뷰, 2005년 8월 11일.

신이 알고 있는 것들 사이에 무언가 틈이 벌어져있음을 명확히 알고 있었을 뿐이다. 그는 그것을 억지로 끼워 맞추지 않았다. 자신을 치유한 자에 대해 신학적으로 설명하길 요구받았을 때, 그는 단순하게 대답했다. "그분이 죄인인지 아닌지는 모르겠습니다. 다만 제가 아는 것은 제가 앞 못 보는 사람이었는데 지금은 보게 되었다는 것뿐입니다." (요한 9:24-34) 이 이야기는 명백한 증거가 함께 수반되면서 더 큰 반응을 일으킨다. 이 사건은 바리사이파 사람들의 체계와 토대를 통째로 뒤흔들었다.

하느님의 교회에는 그들의 구성원의 수만큼이나 많은 이야기가 있다. 어떤 이야기들은 매우 단순하다. '나는 교회에 갔고, 그곳은 내게 매우 유용했다.' 다른 어떤 사람들은 어둠에서 빛으로 나오듯 그들의 삶이 극적으로 바뀌었다고 말한다. 베드로 같은 어떤 사람들은 도덕적인 실패 이후 회복을 맞이한다. 자캐오와 같은 사람들은 돈에 대한 집착에서 자유로워진다. 가장 풍성한 열매라고 할 만한 것은 교회로서 단지 나에 국한하지 않고 우리에 관한 변화를 맞는 것이다. '모임의 이야기들은 그 이야기를 들은 사람이 그 이야기 자체에 참여하게 만드는 특별한 힘이 있다. 그들이 엄청난 고통을 겪는 상황 중에 들려주는 이야기들은 매우 강력하며, 그 안에는 생명이 있다.' 이제는 이야기를 할 때다. 그 이야기는 신뢰로 형성되어있다. 그 이야기는 강압적이지 않으며 이야기 자체에 진실함이 배어있기 때문이다. 그 이야기는 그리스도교인이 선포해야 할 마지막 말이 아니라, 모든 것을 시작하는 시작의 말이다.

09

세상의 슬픔을 치유하라

앓는 사람은 고쳐주고 죽은 사람은 살려주어라. 나병환자는 깨끗이 낫게 해주고 마귀는 쫓아내어라. (마태 10:8)

1985년 3월 4일 월요일, 자동차 한 대가 열네 살 된 내 딸을 치고 지나갔고, 딸은 두개골이 부서지는 끔찍한 고통을 당했다. 이틀 후 한 뇌 검사에서 아이의 뇌가 엄청난 손상을 입은 것을 알았다. 병원에서 집으로 돌아온 그날 밤, 나는 밖으로 나가 걸었다. 걷다가 교회 목사님 집 근처를 지나게 됐다. 나는 들어가 그에게 아무 말이라도 하고 싶었지만, 그가 원하지 않을 것 같았다. 평상시 교회에 잘 나가지 않았기 때문에, 문제가 생겼다고 갑자기 목사님을 찾아가는 일이 위선적으로 느껴졌다. 그렇게 나는 사고가 일어난 장소까지 걸어갔다. 내가 사는 이 세상은 이렇게 나락으로 떨어졌는데, 어떻게 삶은 이토록 아무렇지 않게 흘러가는지 질문하면서 헤매고 돌아다녔다. 그러나 집으로 돌아오자마자, 나는 곧 목사님의 집으로 향했고, 문을 두드렸다. 그는 나를 집 안으로 들이며 말하길 교회가 케리를 위해 기도하고 있다고 했다. 사고 현장을 최초로 목격한 사람 중 한 명이 간호사였고 교회의 신자여서 소식을 알고 있다고 했다. 목사님은 그 사고를 목격한 간호사를 통해 케리가 심각한 부상을 당해 병원에서도 별 방법이 없다는 사실을 알게 됐고, 곧장 사택으로 와 기도하고 있었다는 이야기를, 그 당시에는 내게 하지 않았다. 케리는 5주 동안의 집중치료 기간 동안 여러 차례 생사의 고비를 넘겨야 했다. 나는 '오늘 밤'을 넘기기 힘들 것 같다는 의사의 말을 들을 때마다 마음이 무너져내렸다. 케리의 뇌는 너무 부어있어서 수술이 필요하고, 이를 위해서는 기관절개술까지 해야 할 수도 있다는 말을 들었을 때는 나도 모르게 기도까지 했다. 다행히 기관절개술은 필요치 않았다. 염증이 가라앉으면 또 염증이 생겼다. 병원에서는 네 번이나 케리에게서 산소호흡기를 떼는 게 어떻겠냐고 물어왔다.

그러나 나는 이 기간 동안 하느님께서 내게 말씀하셨다고 믿는다. 두 가지 사건 때문이다. 하나는 첫 번째 주가 끝날 무렵이었다. 병원은 케리가 그날 밤을 넘기지 못할 것이라 여겨 우리를 불렀다. 그런데 케리는 기적처럼 안정을 되찾았고, 우리는 집으로 돌아올 수 있었다. 나는 만일 케리에게 회복의 가능성이 없다면, 나도 케리와 함께 데려가달라고 하느님께 기도했다. 그리고 '만일 케리가 내일 아침에도 여전히 살아있다면, 나는 당신께서 케리를 집으로 보내주실 것이라 믿겠다'고 기도했다.

둘째 주 수요일에, 병원에서 집으로 돌아온 후 나는 앉아서 차 한 잔을 마시고 있었다. 그때 집 앞의 발자국 소리, 대문이 열리는 소리를 명확히 들었다. 시계를 흘깃 보니 아홉 시였다. 케리가 집으로 돌아오던 중 사고를 당했던 그 시각이었다. 나는 일어나 현관문을 열었고 현실을 깨달았다. 케리는 병원에 있기에 절대 올 수가 없었다. 창문 밖으로 현관 주변을 살폈다. 아무도 없었다. 사고가 있던 날 이후 처음으로 잠을 청할 수 있었다.

다음 날 아침, 다른 어떤 방법으로도 설명할 수 없는, 무언가를 깨달아 알게 된 기분이 들었다. 나는 케리가 집으로 오고 있으며, 이것이 하느님께서 내게 말씀하시는 방식이라는 것을 알게 되었다. 어머니는 집에 오셔서 나를 보며 "너 괜찮은 거니?"라고 물으셨고, 나는 "네, 케리는 집으로 올 거예요. 나는 알아요"라고 말했다. 어머니는 "그래, 나도 알아"라고 답했다. 우리가 이렇게 이야기하는 동안, 어머니 역시 우리가 이해할 수 없는 그 일에 대해 눈을 떴다. 이후 의사가 뭐라고 말을 해도, 심지어 뇌 검사를 통해 아이의 뇌가 정상적으로 움직이지 않으며 지능이 더 나아지지 않는다고 말해도, 아이의 왼팔과 다리만 움직일 수 있을 뿐이라고 말해도, 나는 좌절하지 않았다. 나는 하느님께서 하신 말씀을 믿었다.

사고 후 2주가 지난 일요일, 나는 우리를 위해 기도해준 사람들에게 감사를 전하러 교회에 갔다. 예배드리는 동안, 비로소 나는 내가 그토록 원했던 그 무엇이 이들에게 있으며, 내가 이제껏 알지 못했던 그 무엇을 이들은 알고 있음을 깨달았다. 하지만 이 이야기의 가장 놀라운 부분은 성삼일, 그러니까 예수가 죽고 부활하신 그날 일어났다.

4월 5일 성금요일, 케리가 사고를 당한 지 5주가 지났을 때였다. 의사는 케리는 더는 집중치료가 아닌 장기간 치료가 필요하니 병실을 옮겨야 한다고 말했다. 나는 "잘됐어요. 그러면 물리치료와 다른 재활치료를 시작할 수 있겠네요"라고 말했고, 의사는 나를 빤히 쳐다보며 "만일 케리에게 또 다른 감염이 생긴다면, 그때는 더는 케리를 치료할 수 없을지 몰라요"라고 했다. 다시 말해, 케리가 그냥 편안히 숨을 거두는 것보다 더 나은 방법은 없다는 소리였다. 하지만 나는 그 말이 귀에 들어오지 않았다. 하느님께서 내게 하신 말씀 때문이었다. 그분은 내가 케리가 집으로 돌아올 것이라는 걸 알게 하셨다. 부활절 새벽 6시 30분에 아침 예배에 참석하고자 교회로 향했다. 예배 후 차로 돌아와 라디오를 켰는데 클리프 리처드가 부르는 〈주 달려 죽은 십자가〉When I survey the wondrous cross가 흘러 나왔다. 나는 다시 병원으로 향했다. 케리를 돌봐주는 간호사는 케리가 줄곧 머리를 만지고 있다고 말했다. 아이는 여전히 왼팔과 다리만 움직일 수 있었다. 나는 케리의 앞머리가 눈까지 닿을 만큼 꽤 자라난 것을 보았다. 나는 케리에게 눈가까지 내려온 앞머리를 넘겨야겠다고 말했고, 케리는 자기 손을 올려 앞머리를 뒤로 넘겼다. 그 모습을 보고 나는 케리에게 "케리, 눈가의 머리카락을 넘겨봐"라고 다시 말했고, 케리는 다시 그렇게 했다. 나는 이 장면이 믿기 어려워서 또 말하고 또 말했고, 케리 역시 들은 대로 또 하고 또 했다. 간호사는 깜짝 놀라 내 뒤에 서있었다. 그 일 이후 모든 일이 빠르게 진행됐다. 믿을 수 없었다. 아니, 이것은 하느님께서 하신 일이었다.

물리치료사, 언어치료사, 작업치료사들이 케리가 예전에는 했던 기능들을 실제로 수행하려면 몇 년이 걸릴 것이라고 말할 때마다, 내가 할 수 있는 일은 교회로 가서 기도하는 일뿐이었다. 그리고 신자들에게 기도를 청했다. 그들은 내 이야기를 듣고 이야기 속 하나하나의 소망을 붙들고 기도해 주었다. 나는 케리가 다시 말할 수 있게 해달라고 기도했는데, 만일 그렇다면 케리가 휠체어에 앉아서라도 대화할 수 있을 것이었기 때문이다. 일요일에 교회가 아이를 위해 기도해주었고, 다음 날인 월요일에 케리는 '집'이라는 단어를 처음 말했다. 케리는 집이 간절히 그리웠던 것이다. 아이는 집에 머문 지 4주 만에 몇 걸음을 걷기 시작했고, 정상적이진 않았지만 더 많은 말을 하게 됐다. 의사도 그녀의 호전되는 상태를 믿기 어려워했다. 그들이 해줄 더 이상의 치료는 없었고, 오히려 네 명의 다른 의사들이 케리를 보러 왔다. 6월에 케리는 오전뿐이지만 학교에 다시 나가기 시작했고, 사고 후 3개월이 지난 9월에는 하루 종일 학교에 있을 수 있었다. 케리는 10월에 병원에서 완전히 퇴원했다. 1986년 1월, 아이와 나는 견진예식을 받았고, 케리는 1989년 6월에 목사님의 아들과 결혼했으며, 그 후로 세 자녀를 낳았다. 어머니는 다시 신앙을 갖게 되셨고, 1994년 6월 눈을 감을 때까지 교회를 위해 헌신하셨다.[1)]

수행되는 선포

복음 전도와 치유는 동시에 이루어진다. 길 위에서 말로 선포되는 복음 전도처럼, 수행되는 선포 역시 마찬가지다. 케리의 이야기처럼 신체적인

---

1 Katherine Francis, 셰필드 윈코뱅크 성 토머스 교회 신자.

치유는 신앙을 가져온다. 소외된 이웃에게는 이웃이 생기는 일일 수도 있다. 어린이들이 뛰어놀 수 있는 녹색 구역을 만들기로 결정한 교회나 공동체에 관한 것일 수도 있다. 한 지역교회가 지역에 있는 공장과 그곳에서 일하는 노동자들이 정당한 노동의 대가를 받을 수 있도록 싸우는 일에 참여하게 되는 것일 수도 있다. 이것은 분명 부서지고 고통당하는 감정 속에서 발생하는 치유의 사역일 것이다. 또한 이것에는 구조적 문제에서 비롯되었거나 아니면 사람에게서 비롯된 악마를 추방하는 기도도 포함된다. 치유의 사역과 전달해야 할 메시지의 선포를 나눌 수는 없다. 가끔 선포의 현장에서 회복이 이뤄지는 치유가 발생하기도 한다. 선포는 부활에 근간을 둔다. 부활에는 힘이 있고, 그 힘은 생명을 북돋는다.

한동안 교회의 정착을 위해, 때때로 치유 사역(상세히 말해 치유를 위한 기도)은 교회의 울타리 안에서만 이뤄져야 한다고 여긴 적이 있었다. 교회 사람들은 치유 기도를 오직 교회 사람들을 위해서, 교회 사람들과만 했다. 하지만 전달해야 할 메시지가 교회 안에만 머물러있어야 하는 것이 아니듯, 치유도 교회 안에만 머물러있는 것이 아니다. 전달해야 할 메시지로 교회가 탄생했음에도 불구하고, 메시지는 세상에 속한다. 치유 역시 메시지의 일부로, 수행되어 드러난 메시지다. 그러므로 치유 역시 세상에 속한다. 그렇다면 선교를 이루려는 사람들은 이렇게 질문할 수 있다. '치유를 위해 우리는 무엇을 해야 하는가?'

선교를 향한 열망을 품은 몇몇 사람들은 예배를 사랑하는 것으로, 혹은 고통당하는 사람들을 위해 깨진 곳으로 나아가 그들을 돌보는 것으로 세상을 치유할 수 있다고 답할 것이다. 하지만 이를 전체 선교의 그림 속에서 넓게 바라보는 이는 많지 않다. 많은 그리스도교인은 사회 복음과 개인의 영적 복음이 전혀 다른 일이라고 생각한다. 그러나 이렇게 나뉜 접근 방법을 가지고는 우리가 그렇게 열망하는 치유를 만나기 어렵다.

생태계, 사회, 개인, 감정과 심리적인 모든 치유는 영적인 치유와 회복과 함께 엮인다. 둘 중 하나만 택하고, 하나는 버려야 하는 사회 복음과 영적 복음이란 것은 없다. 그런 식으로 창조 세계의 생명을 바라보는 것은 창조 질서의 분열을 더 심각하게 만들며, 산산이 깨뜨려버린다. 그러나 구원(세계의 구원)은 전체의 회복, 하나로 통합되는 일과 관련이 있다.

> 복음서가 말하는 구원, 교회의 본질과 기능을 결정짓는 그 구원이라는 단어는 말 그대로 온전하게 하는 것, 곧 치유라는 뜻이다. 이는 모든 것을 그리스도 안에서 하나 되게 하는 일을 뜻한다. 그것은 만물이 처음 창조되었을 때의 모습대로 사람과 하느님, 사람과 사람, 사람과 자연 사이의 조화를 모두 회복하는 포괄적인 사건이다.[2]

그렇다면 아픈 이를 고치고, 죽은 자를 일으키며, 나병 환자를 낫게 하고, 마귀를 내쫓으라는 명령을 충실히 따르려는 사람들은 어떤 신앙적 사안들을 고려해야 할까? 이미 그 사역에는 여러 유용한 자료가 있다. 나

---

2 *The Household of God*, p.140

는 세상에서 행해야 할 선교적 행위에 대해 고려할 때 중요하게 다뤄야만 하는 세 가지 사안을 강조하고자 한다. 첫째, 우리는 적극적이라는 평가를 들을 수 있다는 것과 둘째, 거절을 당할 수 있다는 것, 그리고 모든 그리스도교적인 치유는 잠정적이라는 것이다.

적극성

세상에서 평화가 깨진 곳, 평온이 무너진 곳으로 성서 속에 등장하는 장소들에는 '타락'의 개념, 도덕적으로 부패한 세상 속으로의 침투라는 개념, 우주 질서에 내재하는 통일성이 파편화되었다는 개념이 반영되어 있다. 구약은 고통[3]과 악[4]의 기원에 대해 모호하게 말하지만, 신약의 증인들은 예수의 사역을 통해 질병과 죽음이 하느님의 뜻에 반하는 침입자 원수라는 사실을 깨닫는다. 그래서 예수는 그의 권위를 마귀에게 행사하고(마르 1:25), 질병에 행사하며(루가 4:39), 자연에(마태 8:26), 그리고 죽음(루가 7:14-15)과 죄(루가 5:20)에 행사한다. 또한 우리는 하느님의 치유의 숨결을 기억한다. 데이비드 보슈David Bosch는 예수의 사역 안에서는 죄로부터의 구원과 신체적인 질병이 낫게 되는 것 사이에 어떠한 긴장도 없었다고 말

3 이는 나밖에 다른 신이 없음을 해 뜨는 곳에서 해지는 곳에까지 알리려는 것이다. 내가 야훼다. 누가 또 있느냐? 빛을 만든 것도 나요, 어둠을 지은 것도 나다. 행복을 주는 것도 나요, 불행을 조장하는 것도 나다. 이 모든 일을 나 야훼가 하였다. (이사 45:6-7)

4 야훼 하느님께서는 '이제 이 사람이 우리들처럼 선과 악을 알게 되었으니, 손을 내밀어 생명나무 열매까지 따 먹고 끝없이 살게 되어서는 안 되겠다'고 생각하시고 (창세 3:22)

한다. 영적인 것과 사회적인 것을 나눌 수 없다는 뜻이다.[5)]

아픈 것, 고질적인 질병, 그리고 악의 구조에 대한 질문들을 생각하다 보면 파괴적인 힘을 직면할 때 드러나는 치유의 적극적 특성이 자연스레 떠오른다. 예를 들어, 마르코의 복음서 1장에서 예수는 악령을 꾸짖으신다. 그리고 나병 환자에게는 측은한 마음을 갖고 그를 고치신다. 이러한 권능은 예수에게 악과 질병을 마주했을 때 치유의 감정을 갖게 했고, 구체적인 행동을 하게 했다. 이러한 권능은 미리 온 하느님 나라를 드러내는 가장 주요한 요소다. 그는 자신에게서 벗어나 다른 사람들을 향해 움직였다. 직접 충돌을 맞아 의심할 여지가 없는 강력함으로 참여했고, 정신력, 영적인 힘, 내면의 용기를 요구하는 일에 참여하였다. 거리를 두고 보는 것이 아니라 그들을 향해 움직이고 깊이 관여하는 일이었다. 강한 의지로 가득 차 있으면서 동시에 위험하기도 했다. 이는 대다수 서구 그리스도교가 구조적 악과 개인의 고통을 바라보는 소극적인 태도와는 완전히 반대된다.

회유하는 것이 아니라 쫓아내기

도움이 될 만한 비유로, 하비 콕스Harvey Cox가 전통적인 아프리카의 기도 방식과 그리스도교의 기도 방식을 비교한 이야기를 들 수 있겠다. 하

5 David Bosch, *Transforming Mission*, Orbis, 1991, p.33. (『변화하는 선교』, CLC, 2017)

비 콕스의 비교는 아프리카의 그리스도교만이 아닌 21세기 종교의 역할에 지대한 영향을 미칠 암시가 내포되어있다.

치유의 절차 속에서 아프리카 그리스도교 예언자와 전통적 치유자 느강가는 아프리카 그리스도교뿐 아니라 21세기 종교의 역할에 관해 광범위한 의미를 함축하고 있는 중요한 차이점을 드러낸다. 느강가는 악령을 달래거나 악령이 무엇을 할지 예측함으로써 그 요구를 채워주려 하는 반면, 그리스도교 예언자는 성령이 악령을 무찌르고 격퇴하도록 단지 기도할 뿐이다. 또 느강가는 악령이 원하는 것을 발견해 그것을 만족시킴으로써 악령을 떠나게 하는 반면, 그리스도교 예언자는 성령의 이름으로 악령을 쫓고 병자에게 성령이 악령보다 더 강하므로 더는 악령을 두려워하지 말라고 확신시킨다.[6)]

선교적 행위란 참여하는 것이다. 선교적 순례는 근본적으로 세상을 향한 순례다. 그러나 목적 없이 이루어지는 것은 아니다. 하늘나라를 빼앗기고 있는 곳에서 벌어지는 순례다.(마태 11:12) 이 구절은 마치 선교적 순례가 군국주의자들의 홍보활동이나 또 다른 특정 문화를 도입하려는 것처럼 보여, 화가 나거나 불쾌할 수도 있다고 생각한다. 그러나 그러한 의도가 있는 것은 아니다. 선교적 영성이 지니는 적극성은 공격성이나 가혹

---

6 Harvey Cox, *Fire From Heaven*, Cassell, 1996, pp.255-6. (『영성 음악 여성』, 동연, 1996)

성과 혼동되어선 안 된다. 세력들은 사랑의 힘을 통해서만 무장 해제될 수 있다. 그럼에도 불구하고 선교적 순례가 진지하게 시작되려면 저 밖에서 발견하게 되는 것들 속에 진지하게 참여해야 한다. 이 세계 안의 모든 일이 다 좋지만은 않으며, 선교를 수행하는 사람들로서 우리는 세계의 드러나는 아픔 속에 참여해야 한다. 참여할 때 어쩔 수 없이 손은 더러워질 것이고, 때때로 참여하기 위해 겪어야 할 씨름들은 정말 지저분할 수도 있다. 세력들을 흩어버리는 일은 절대 쉽지 않다.

어떤 그리스도교 무리든, 세상의 고통이 그들이 존재하는 곳 또는 관계망에 영향을 미쳤을 때, 자신을 벗어나 밖에 있는 세계의 고통을 들여다보는 일은 그들에게 도전이 될 것이다. 그리고 그때 그들은 '이 일과 관련해서 우리가 해야 할 일이 있을까?'라고 질문하게 될 것이다. 꽤 최근까지도 많은 이들은 고통이 발생한 지역의 해당 법령으로 그 고통을 돌보는 것이 타당하다고 받아들였다.

이러한 태도의 부정적인 측면은 지역 그리스도교 공동체가 지역의 필요에 대해 거리를 두고 떨어져서 별다른 도움 없이 불확실한 대응만 했다는 것이다. 때로는 현재 상황을 매우 수동적으로 받아들이고 반응했다. 이제 모든 것은 변하고 있고, 점차 신앙의 무리는 지역 공동체의 필요에 적절히 반응하려 한다. (물론, 그리스도교 공동체는 주어진 시간에 그들이 참여하도록 부름받은 저 밖이 어디인지, 누가 그들의 협력 동반자인지 숙고해야 한다.) PCC나 지도자 팀이 '이 일과 관련해서 우리가 해야 할 일이 있을까?'라고 질문한다면, 그때 비로소 내부에서부터 신앙과 믿음의 움직임이 시작되는 것이다. 이것은 믿음으로까지 발전한다. 그리하여 우리가 다루기 힘든 문제에 직면했을 때(공동체 안의 마약 중독, 외로움, 배척, 장애인 배려, 어린이들을 위한 공간), 복음의 힘으로 언제나 새로운 가능성을 찾을 수 있게 되고, 하느님과 함께 일하면서 삶과 공동체에서 일어나는 진정한 변화를 볼 수 있게 된다.

맨체스터의 한 지역 자치구로 이사 가서 살게 된, 젊은이로 구성된 한 무리는 이 변화를 직접 몸으로 경험했다.

> 그들은 자치구의 지역교회와 제휴를 맺고, 두 조직으로 팀을 이뤄 움직였다. 처음 조직으로는 네 명의 정규직 학교 근로자들이 움직였다. 그들은 청소년 클럽, 독립적인 청소년 업무, 학교들, 그리고 에덴 버스 프로젝트에서 일했다. 두 번째 조직은 에덴 프로젝트를 수행하면서 일반 직장에서 일하는 30명의 젊은이들과 봉사 능력을 갖춘 지역교회였다. 그 교회는 청소년들이 회심하도록 훈련할 것이었고, 그래서 자치구 안에서 성육신적 존재가 되고자 했다. 두 조직은 당연하게 그들이 일하는 그 자치구에서 움직이며 살았다.
>
> 그들의 꿈은 맨체스터 도시 내부 자치구들 안에서 열 개의 에덴 프로젝트를 수행하는 것이다. 장기간 그들이 속한 공동체 안에서 빛과 소금으로 살 300명의 근로자들이 지역교회들과 협력하고, 교회가 약한 지역에서는 교회 개척 협력자로 일하는 것이다. 열 개의 지역들이 확인되었고, 여섯 개의 프로젝트가 진행 중이며, 두 개 이상이 계획되었다.
>
> [심각한 도전들이 있었다.]

헤이든과 스튜어트는 말 그대로 텅 빈 임대주택에 들어가야 했다. 가스와 전기도 연결되지 않았다. 밤에는 소음과 가정불화를 겪는 사람들이 주변에 가득했다. 범죄의 희생자가 될 가능성은 즐비했고, 그들은 들어가자마자 '바로 그 그리스도교인들의 중 한 명' 혹은 '에덴 사람 중 한 명'으로 알려졌다. "당신들은 정말 추운 겨울밤에 밖에서 떨어봐야 한다. 그건 정말 희생적인 일이며, 당신이 안전하다고 느끼는 영역을 벗어나야 할 것이다. 힘든 일이다. 하지만 나는 우리가 이런 일에 대해 솔직해질 필요가 있다고 생각한다."[7)]

거절당할 가능성

세상의 세력들과 분투해야 할 때, 전달자는 언제나 거절당할 위험을 안고 있다. 정착하여 정돈된 세계 속에 침투하여 들어가는 행동이 항상 환영받지는 못한다. "이제 내가 너희를 보내는 것은 마치 양을 이리 떼 가운데 보내는 것과 같다." (마태 10:16)

선교를 실천하는 사람들은 거절과 적대를 통해 그와 같아지도록 초대받은 사람들이다. 사실 선포는 적대를 견뎌내는 인내로 더 명확해질 수 있다. W. 클레이버W.Klaiber는 다음과 같이 말했다. "전달자가 경험하는 것과 고통당하는 것은 이해의 매개가 될 수 있다. 그래서 그들은 선포

7 Encounters on the Edge, No. 14, pp.8-16.

의 일부분이 된다."[8]

많은 그리스도교인은 강력한 부정적 힘에 직면했을 때, 때로 자신의 약함과 왜소함으로 인해 의문을 갖게 되면서 혼란과 불확실성을 느끼기 시작하고, 심지어 신뢰를 상실하곤 한다. 우리가 복음 전도에 더 능숙하다면, 우리의 신앙을 유창하게 말할 수 있다면, 증언을 해야 할 순간에 덜 머뭇거린다면, 삶의 문제들을 제대로 천착하는 것처럼 보인다면, 더 강한 성격이라면, 혹은 더 흥미로운 개성을 가졌더라면, 더 잘생겼더라면, 더 매력적이었더라면, 아마도 사람들이 설득당해 그리스도를 따르게 됐을 것이라고 여긴다. 그러나 사실은 이리 떼 가운데의 양처럼, 선교를 실천하는 사람들의 명백한 연약함, 취약함, 지극히 평범함은 선교를 위해 절대적이고 필수적이다.

> 연약한 증인, 무능력한 전달자를 필요로 한다는 것은 그리스도교 신앙의 핵심에 속한다. 승리와 구원을 받아야 하는 사람들에겐 항상 그렇듯이 복음의 증인을 십자가에 못 박을 가능성이 있어야 한다.[9]

명백히 힘이 부족한 연약한 사람이나 공동체는 정당하게 취약한 위치에 있을 수 있다. 서구 세계에서 21세기 사람들을 두고 선교를 고려할 때, 이는 특히 중요하다. 텔레비전과 대중매체 덕분에, 대다수 사람은 '힘

---

8 W. Klaiber, *Call and Response*, Abington Press, 1997, p.97.

9 N.P. Mortizen, cited by D.Bosch, *Transforming Mission*, p.485.

은 어떻게 작용하는지', 또한 강제와 조정과 같은 것들이 정치와 종교, 가족 관계 안에서 어떻게 힘으로 작용하는지에 대해 파편화된 지식 정도는 가지고 있다. 그들은 세상 물정에 밝고, 조심스럽다. 그리고 정신적 학대가 될 만한 기미라도 보이면 그 어떤 것이든 경계한다. 그러므로 불편할 수도 있겠지만, 전달해야 할 말의 진실성을 유지하기 위해서 무력함은 절대적으로 필요하다. 이는 좋은 소식을 공유할 때 발생하는 역동의 움직임을 전적으로 바꾼다. 위로부터 선포되는 것에서, 같은 위치 혹은 아래로부터 말하거나 행동하는 것으로 말이다. 이는 선교사를 다른 사람의 힘이 작용하는 범위 안에 위치시킨다. 그렇게 하여 복음 전도의 행동에서 강제적이거나 힘을 사용할 가능성을 완전히 제거해버린다. 전달해야 할 말을 받은 사람들은 현혹되었거나 혹은 강제로 그 말을 듣는 것이 아니다. 우리가 받았기 때문에 그 말이 진실된 진리라고 하는 것이 아니다. 전달자가 무력할 때, 좋은 소식을 듣거나 받은 사람들은 이에 충분히 자유롭게 응답할 수 있다. 이제 우리의 무력함을 후회하기보다 축하해야 하지 않을까? 우리는 거래의 일환처럼 우리의 무력함을 받아들일 수 있기 때문에 자유롭게 사랑할 수 있다.

사랑하기 위한 자유

예수의 선교 여행의 한 측면으로서, 그는 비난과 적대가 반복되는 상황 가운데 가르치고 치유하는 대다수의 사역을 수행했다는 것을 이미 언급했다. 그런 상황 속에서도 그가 자유롭게 사역할 수 있게 한 것은 무엇인가? 그가 큰 사랑을 받고 있음을 알고 있었던 것이 하나의 이유가 되지 않을까? 하느님의 헌신적이고 인격적인 사랑, 우리를 시험과 위험으로 몰고 갈지도 모를 사랑을 신뢰하겠다고 우리가 결정할 때, 복음이 명령하는 위험 부담을 충분히 받아들일 수 있어야 한다. 우리는 사랑하기 위하여 자유롭다. 길 위는 항상 안전한 것은 아니다. 오해와 핍박이 있더라도 계속 사랑할 수 있는 능력이 있다. 두려움을 직면하는 것이다. 이것은 어떤 사람에게 개인적인 안전에 대한 사안을 다루는 것을 의미하기도 한다. 지역 교회 공동체들에게는 그들이 밖을 향하여 움직이기 시작할 때 생기는 질문의 종류들을 다루는 것을 의미할 것이다.

많은 그리스도교인들이 느끼는 두려움은 대중적으로 그리스도와 동일하게 되는 것이다. 이것은 일요일에는 분명하지 않다. 일요일에는 대다수 그리스도교인이 그들의 삶의 시간을 보내는 곳에 있지 않다. 그러나 그리스도를 믿는다고 알려진 사람, 따르는 사람 혹은 신자로 알려진 사람은 사실상 선교를 위해 많은 양의 축적된 화력을 방출할 뿐만 아니라 일종의 내적 자유와 기쁨도 방출한다. 당신이 누구인지 안다는 것은 언제나 좋은 일이다. “법전이 대중들에게 읽혔을 때, 사람들은 울었다.” (느헤 8) 이에 대해 브루그먼은 이렇게 말했다. “긴 계절이 마침내 지나갔다. 우리가 세계에 대하여 전통적으로 합의해온 것들을 인정하는 것과 우리의 중심이 되는 정체성은 더는 모순되지 않는다. 사람은 진정한 자신이 아닌 다른 누군가인 것처럼 엄청나게 속이지만, 이는 그를 더욱 지키게 만들 뿐이다."[10] 개인이 되었든, 공동체가 되었든, 우리가 지치는 이유는 우리 자신을 속이려고 하기 때문이지 않을까? 만일 그렇다면 선교적 영성은 교회가 자신을 속이는 일을 멈추고 자유로 나아가게 도와줄 것이다.

건강한 신앙

선교적으로 참여하려면 특히나 건강한 신앙에 의지해야 한다. 건강한 신앙으로 사회적이든 초월적이든 힘을 취할 수 있다. 우리가 보았듯이, 선교적 신앙은 적극적이고 참여적이다. 이런 적극성을 발견할 수 있는 근간은 자신 안이 아닌, 우리에게 주어진 권위 안에서다. '치유되어라, 일어나라, 깨끗하게 되어라, 내몰아라.' 그리스도교인에게는 다른 곳에서부터 부름받아 정착되고 정돈된 세계 속으로, 그리스도의 이름으로 침투해 들어갈 수 있는 권리가 있다.[11] 우리에게는 우리 자신의 공동체만이 아닌, 대중의 무대에도 존재할 권리가 있다. 우리의 현존과 행동은 주님이신 예수의 이름으로 행해진다. 그리스도의 주권 아래 산다는 것은 이러한 강건함을 소유하고 유지하는 데 있어서 가장 주요한 요소다. 이미 언급했던 스큐아의 일곱 아들들처럼 말이다. (사도 19:13-16)

선교를 위해 힘쓰려는 어느 교회든 권위 자체와 함께 수반하는 책임이라는 조건까지 수행해야 한다. 우리가 자기 중심적으로 되어 무거운 짐

---

10 Walter Brueggmann, *Biblical Perspectives on Evangelism*, p.85.

11 S. Hauerwas and W. Willimon, *Resident Aliens*, Abingdon Press, 1989, p.51. (『하느님의 나그네 된 백성』, 복있는사람, 2018)

을 져야 한다는 게 아니다. 우리는 세속 도시에서 성장하고, 자리 잡도록 부름받았다. 그리고 이 일을 하는 교회에게 주어진 가장 큰 선물들 중 하나는 자기 중심의 성장이 아니라 자기 존중의 성장이다. 책임을 맡을 때, 우리는 빠르게 성장하고, 그 결과 우리 자신을 더 좋아하게 되는 것은 분명한 사실이지 않은가? 또한 세계가 처한 고통이 치유되도록 도울 때, 우리 자신의 치유도 돕게 될지 누가 알겠는가?

치유와 치유의 전망

선교와 치유의 관계는 매우 중요하다. 생태계든 공동체든 개인이든 치유하는 것은 하느님 나라의 기적이다. "나는 하느님께서 보내신 성령의 힘으로 마귀를 쫓아내고 있다. 그러니 하느님의 나라는 이미 너희에게 와 있는 것이다." (마태 12:28) 롤런드 앨런Roland Allen은 치유를 '행동으로 하는 선교'라고 불렀다.[12] 하느님 나라의 언어들은 생물과 자연에 있는 삶의 내용 속에 기록되었다. 이적들이라고 용어가 붙은 사실은 이적들의 전망성을 강조하여 보여준다. 하지만 기적들은 그 자체로 좋은 것에서 끝나지 않고, 더 좋은 하느님 나라가 실재한다는 것을 가리키고 있으며, 그리스도는 여기서 중개자의 역할을 한다. 이 때문에 기적은 종종 잠정적 특성을 갖는다. 예를 들어 교회 개척이나 활동 초기에 신체적 치유의 사건이 있

---

12 Roland Allen, *Missionary Method,: St Paul's or Ours?*, Eerdmans, 1962, p.3.

으면, 이는 지역에서 큰 관심을 받고 사람들을 신앙으로 끌고 오기도 한다. 다음 글에서 마거릿은 치유를 경험했고, 그 치유 사건은 교회생활이 새로운 국면으로 접어드는 데 깊은 영향을 주었다.

> 마거릿은 모두가 사랑할 만한 사람이었다. 그녀는 결혼하여 두 아들이 있고, 셰필드 지역 사무소의 수요일 축구 클럽에서 일했다. 그런 그녀는 40대에 불과했을 때 난소암 판정을 받았다. 의사는 그녀에게 교회의 부목사를 소개해줬고,[13] 부목사는 그녀를 방문했다. 당연히 첫 만남에서 그 젊은 남성은 조심스럽게 다가갔다. 그러나 마거릿은 진정으로 그 부목사를 보기 원했다. 공손한 대화가 오간 후, 그녀는 갑작스럽게 말을 쏟아냈다. "나는 죽어가고 있어요. 나는 하나님을 알고 싶어요."

마거릿은 교회에 나가기 시작했다. 그녀는 점점 강해졌다. 그녀는 가정 모임에 참석했고, 많은 질문을 갖게 됐다. 그녀는 하나님을 기꺼이 받아들였고, 하느님의 사람들과 함께 기쁨과 생명력, 열정을 나누었다. 그녀의 따뜻한 성품은 성령이 움직이시는 강력한 수단이 되었다. 마거릿은 직장에서나, 공동체에서나, 그녀의 가족에게나 모두에게 자기가 어떻게 신앙을 찾게 되었는지 말했다. 병세는 점점 사라졌고 그녀는 완쾌됐다.

마거릿의 변화는 공동체와 교회 모두에게 영향을 미쳤다. 그녀는 새로운 작업의 토대를 제공했다. 1년이 지난 후, 암은 그녀의 두뇌에 재발했

---

13 셰필드 윈코뱅크 성 토머스 교회

다. 그녀의 병에 차도가 있었을까? 우린 알 수 없다. 그녀의 병이 내리막길을 달릴 때, 교회위원들은 목회자에게 "기적이 일어나서 마거릿을 잃지 않았으면 좋겠어요"라고 말했다. 목사는 지혜롭고 부드럽게 대답했다. "우리에게 또 다른 기적이 일어나야 된다는 말이네요." 그녀의 마지막 몇 주는 기쁨으로 가득 찼다. 그녀는 여전히 배우고자 하는 열망으로 가득 차 있었다. 거의 매일 그녀에게 전화하는 교회위원들에게 "성경에 대해 무언가 좀 말해주세요"라고 그녀는 말하곤 했다. 그녀가 특히 좋아했던 한 약속이 있었는데, 그것은 그녀에게 매우 중요했다. "나 야훼가 너의 하느님, 내가 너의 오른손을 붙들어주며 이르지 않았느냐? 두려워하지 마라. 내가 너를 도와준다." (이사 41:13) 마거릿에게 암이 재발했지만, 교회는 신체적인 치유와 치유가 일으키는 실제적인 효과를 위해 지속적이고 신실하게 기도했다. 그러나 항상 그 효과가 있던 것은 아니다. 돌봐야 할 아기가 있는 어느 미혼모는 교회의 신실한 기도에도 불구하고 세상을 떠났다. 대부분 교회들은 비슷한 경험을 했을 것이다. 우리는 그리스도교의 사역 안에서 성장하는 동안 통과해야만 하는 일들을 통해 배움을 얻는 고통의 시간을 맞는다. 우리는 당황스러운 질문과 신비, 그리도 응답 없는 간구와 함께 살아가는 것을 배운다. 때때로 우리는 너무나 실망스럽고 낙심하게 되는 순간에 하느님의 사랑이 지니는 치유의 힘을 계속해서 믿을 것인지에 대한 진짜 시험에 맞닥뜨린다.

이렇게 기적의 잠정성, 무작위성, 통제 불가능성은 우리가 기적들과 하느님 나라를 동일시하지 않도록 주의를 주는 역할도 한다. 기적은 도착을 의미하지 않는다. 선교활동에 있을 법한 문제 중 하나는 다음과 같은데, 그리스도교의 선교 역사에 보면, 기적과 하느님 나라를 동일하게 간주하고자 하는 유혹이 자주 있었다는 것이다. 오고 있는 하느님 나라와 아주 가까이에 있는 기적들을 동일하게 보려는 어떠한 시도에도 주의를 기울여야 한다. 모든 인간은 약하기 때문에, 우리가 어떤 권력이든 마주치게 될 때, 그 입구에는 과대망상의 가능성이 쭈그리고 앉아있다는 사실을 깨달아야 한다. 그리고 또한 기적은 통제되거나 조정되지 않는다. 그것은 자유롭게 주어지며, 따라서 하느님을 향하여 겸손히 의지하려는 깊은 마음으로 받아들여야 한다. 기적은 매우 모호하다. 치유 사역이 지닌 '지금 그러나 아직 아닌' 특성이다. 이 명백하면서도 무작위적인 사건은 선교를 펼치는 사람들 자신이 얼마나 연약하고 치유가 필요한 사람인지 상기시킨다. 그리스도의 자유로 사역한다는 것은 그 자유를 수여받을 사람이라는 것을 아는 사람들에게나 일어나는 일이다. 우리의 강함이든 약함이든 인간성을 받아들이는 것, 그리고 모든 모순에도 인간 심리 안의 고통과 연약함을 인내로 견디는 것은 선교 영성에서 매우 중요한 부분이다. 이런 선교 영성은 세계 안의 깨지고 상실된 곳으로 기꺼이 나아가, 세상의 아픔을 깊이 끌어안는다.

10

배움과 웃음이 넘치는 긴 순례길

사도들이 돌아와서 자기들이 한 일을 예수께 낱낱이 보고하였다. 이 말을 들으시고 예수께서는 그들을 따로 데리고 베싸이다라는 마을로 가셨다. (루가 9:10)

선교는 쉽지 않은 데다 금세 자리 잡을 만한 일도 아니다. 셰필드 교구의 노스 안스턴에 소재한 스테핑 스톤 교회는 선교의 어려움을 뼈저리게 경험했다.

시작부터 몇 달 동안은 오르막길이었다. 1월 한파에 난방 시설은 완전히 고장나 손을 쓸 수도 없었고, 사역에 방해가 될 정도로 시끄러운 동네 아이들은 아침을 얻어먹으려고 부모도 없이 일찍부터 와있고는 했다. 사역 팀의 주간 회의 중 많은 부분은 진행 자체가 힘들었고, 구성원 간 연합도 점점 약해지더니 얼마 가지도 못해 열일곱 명에서 시작한 인원은 4월에 고작 여덟 명만 남았다. 이 중에는 성 제임스 교회(신자를 분화했던 교회)에서 온 사람들이 반이 넘었다. 도처에 깔린 고통과 감당해야 할 비용, 실망과 낙심은 쉽게 표면으로 드러났다. 이미 고된 일과 갈등으로 지쳤고, 막대한 사역을 위해 해볼 만큼 다 해봤으며, 우리가 턱없이 부족한 상태라고 느꼈다. 그런데 어찌된 일인지, 불과 같은 열정이 강력히 임했다. 전 연령대의 예배를 진행해야 하고, 모든 인간관계에 대응해야 하는 중노동 속에 실수와 문제, 불일치에도 불구하고 연합하여 함께하고자 하는 마음이 싹트다니. 우리도 그 상황을 이해하지 못했다.[1]

이 신생 교회의 롤러 코스터와 같은 이야기는 계속되었다. 1998년 1월부터 1999년 7월까지 18개월 동안은 바닥을 치는 것처럼 보였다. 그러나 점차 상황은 바뀌었다. 처치 아미 사역자였던 폴과 쉴라 이스비가 이 신생 교회를 이끌게 되면서 1999년을 기점으로 나아지기 시작했다. 교회는 취약한 부분들을 지금도 가지고 있다. 그러나 바로 그곳에서, 우드랜즈 드라이브 지역 공동체를 품어 안는 교회로 여전히 우뚝 서있다.

그침 없이, 계속하기

스테핑 스톤 교회를 비롯한 선교형 교회가 명백히 다뤄야 할 심도 있는 질문은 지속 가능성에 대한 것이다. 새로운 사업에 뛰어드는 것은 하나의

1 *Encounters on the Edge*, No. 19, pp.11–12.

일이다. 열정, 부르심, 모험심의 대가는 몇 년까지는 아니어도 몇 달은 계속될 만큼 엄청나다. 그런데 우리의 예상보다 더 긴 시간이 소요될 것이 확실하다면, 그때는 어떨까? 우리는 이제 곧 수확하는 줄 알았는데, 알고 보니 씨를 뿌리기도 전이고, 등골 빠지게 땅에서 돌을 골라내야 한다는 사실을 깨닫게 되었다면? 선교자들을 계속 앞으로 나아가게 하는 것은 무엇일까? 교회의 새로운 표현들은 오랜 순례를 위한 자원을 어디서 찾을 수 있을까? 우리가 상상했던 것처럼 선교가 잘 되지 않을 때, 실망감 같은 것이 마음에 자리 잡은 사람들, 특히 젊은이들을 어떻게 도울 수 있을까? 사람들을 잘못 판단하고, 문화를 오해하고, 우리의 어리석음으로 인해 마치 그리스도가 십자가에서 겪으신 것처럼 손상을 입은 곳에서, 우리가 마주할 실패의 경험에서 우리는 무얼 할 수 있을까? 기력이 떨어지고, 주요 지도자는 떠나가고, 개척 조직은 흩어지고, 본래의 카리스마는 사라져버린 듯하며, 새로운 사역 전체가 바닥을 칠 때는 어떻게 해야 하는가?

마이클 모이나Michael Moynagh는 『선교형 교회의 시작』Emerging Church Intro이라는 책에서 떠오르는 교회의 새로운 표현조차도 얼마나 취약할 수 있는지 언급한다.

> 블랙히스에 있는 성 마이클 교회가 가진 추진력은 곧 번성할 것처럼 보였다. 그러나 얼마 지나지 않아 지도자인 콘라드 파슨스가 떠났다. 그래서 교회 구성원 중 한 명이 일주일 중 하루를 교회에서 일하기로 계약을 했다. 그러나 그는 가정과 직장에서의 어려움으로 산만한 상태였다. 새로운 사역은

중단됐다. 몇 년 전만 해도 가능할 줄 알았다는 훌쩍이는 소리만이 들리고, 교회는 절룩거리며 이를 외면할 뿐이었다.[2)]

지역교회 담당자들에게도 지속 가능성은 아주 심각한 의제다. 심지어 그들이 교회의 새로운 표현에 전념하고 있더라도 그렇다. 나는 지속 가능성을 가지고 일할 수 있는 네 가지 사안을 강조하고자 한다. 반복되는 리듬, 먼지 털기, 보고하기, 그리고 쉬는 법 배우기가 바로 그것이다.

반복되는 리듬

첫째로, 규칙적으로 리듬이 발생하는 장소가 있다. 노섬브리아 공동체의 모원을 찾아가다 보면, 바닷가에서 몇 마일 떨어진 곳에 있는 회색 이끼로 덮인 집을 발견하게 될 것이다. 이곳 사람들은 홀리 아일랜드라 부르는 린디스판 섬을 둘러싸고 있는 바다, 커스버트 섬 인근의 자연 풍광을 자신들의 삶과 사역에 깊이 아로새겨두었다. 공동체는 조수 간만의 차가 만드는 리듬 속에서 '셀(수도실)과 코라클(작은 배)'이라는 생명력 가득한 삶의 균형을 배운다.

밀물이 들어와 해안에 가득 차고 나를 섬으로 만들어 분리시킬 때,

---

2 Michael Moynagh, *emergingchurch.intro*, Monarch, 2004, p.196.

하느님, 나는 오직 당신과 단둘이 있습니다.

거룩한 당신과.

썰물로 다시 바뀌기 전에 나를 준비시키시어

나를 뚫고 지나가는 바쁜 세계 속으로 당신의 임재를 전하게 해주십시오.

다시 밀물이 들어와

나를 둘러싸고, 다시 내가 당신을 향하게 될 때까지 말입니다.[3)]

그리고 이 공동체는 커스버트 섬과 선교사 쿠베르토의 순례에서 귀향의 중요성을 발견했고, 나가는 것과 돌아오는 것을 하나의 리듬으로 구성하여, 자신들의 전례에 반영했다.

주님이신 그리스도의 평화가 당신과 함께할 것입니다.

그가 당신을 어디로 보내든 말이지요.

그는 당신을 광야로 인도하실 것입니다.

사막의 폭풍에서 보호하면서 말이지요.

그는 기뻐하며 당신을 집으로 데려다줄 것입니다.

당신에게 놀라운 기적을 보여주면서 말이지요.

그는 기뻐하며 당신을 집으로 데려다줄 것입니다.

다시 한 번 우리의 분 안으로 들여보내면서 말이지요.[4)]

---

3 From Aidan Liturgy in *Celtic Daily Prayer*, HarperCollins, 2000.

4 Prayer card from *Celtic Daily Prayer*

처치 아미의 지도자인 마틴 가너는 셰필드에서 '생명이 있는 리듬'이라는 선교 팀을 이끌며 젊은이들과 함께 일하고 있다.[5] 그는 이를 세 단계로 표현한다. 씨를 뿌린 후 지켜보는 일, 기쁨으로 수확하는 일, 그리고 유지하는 일로, 이 세 단계를 거친 사람들로 공동체를 구성했다. 이는 그가 소속된 교회(셰필드 교구인 크룩스에 소재한 성 토머스 교회)가 전망에 따라 나누어 관리하는 세 단계다. 여기에는 '위로, 속으로, 밖으로' 사이에서 균형을 유지하는 데 가장 중점 가치를 둔다. 다시 말해 하느님과의 관계에서 균형을 이루고, 다른 사람들과의 관계에서 균형을 이루며, 세상을 향해서도 균형을 이루는 것이다. '위로, 속으로, 밖으로'는 약어로 보일 수 있지만, 교회의 공동체 삶의 균형을 확인하는 매우 유용한 방법이다.

크룩스의 성 토머스 교회에서부터, 일상 기도 시간을 통해 표현된 삶의 리듬을 고려한 선교 순서가 발전되기 시작했다. 이것은 노섬브리아 공동체처럼, 새로운 수도생활에 대한 표현 중 하나이며 『선교형 교회』는 이를 다양한 운동과 무리, 열정들이 서로 협력하고 있는 흐름으로 설명한다.[6] 이렇게 반복되는 리듬과 구조를 갖춘 기도생활은 무엇보다 교회 안에서 성장하지 않은 많은 사람, 젊은 그리스도교인들에게 매우 가치 있는 실천이 될 것이다.

리듬은 우리가 이미 리듬으로 존재하는 그 무언가에 접촉하도록 한다. 이는 어떤 구조를 우리 자신에게 강요하는 것이 아니다. 이는 이미 존

---

5 Martin Garner 인터뷰, 2003년 3월 17일.

6 *Mission-shaped Church*, p.74.

재하는 유형을 찾아, 그 유형이 반영하고 있는 깊은 마음과 우리의 마음을 조정하여 맞추는 것이다. 21세기 서구의 일상은 이 발견을 계속 방해한다. 그러나 기도하는 사람은 규칙적인 변화를 반복적으로 경험하며 살기 시작할 때, 생명을 불어넣는 무언가와 연결되기 시작한다는 것을 깨닫게 된다. 이는 역시 교회력의 큰 장점이기도 하다. 하지만 리듬은 단지 구조화된 기도를 반복하는 구조에 관련된 것만은 아니다. 이것은 언제 무릎을 꿇고 앉아야 하는지, 문을 닫는지, 전화기를 끄는지, 산책을 하는지, '아니요'라고 말해야 하는지 아는 것이다. 이것은 우리를 위해 평화를 만드는 일에 관한 것이다. 좌뇌형 사람들이나 무언가 빨리 알아차리는 사람들은 감자를 캐내고, 차를 고치고, 축구를 하고, 음악에 맞춰 춤을 추고, 식사를 준비하고, 남는 방을 다시 꾸미는 일에도 이러한 리듬들이 있다는 것을 발견하게 된다. 베네딕트회가 매우 가치 있게 여기던 신체 노동은 지금 문화에서는 오해되고 폄하된다. 그러나 이런 신체 노동은 우리를 땅과 연결시키며 잃어버린 리듬을 되찾게 해준다.

삶의 리듬에는 균형이 필요하다. 선교는 우리를 어둡고 고통스러운 장소로 보낸다. 그러나 우리는 여전히 우리 인생을 축복하며 기뻐할 수 있다. 우리에게는 기도만큼이나 잔치와 소풍이 필요하다.

먼지 털기

21세기를 사는 그리스도교인에게 '먼지를 털어버리는 것'(마태 10:14, 루가

9:5, 10:10-12)은 일종의 고풍스러운 의식 이상으로 보이지는 않을 것이다. 그러나 먼지를 털어버리는 것은 지속 가능성을 유지하는 또 다른 방법을 제안한다.

성서학자들은 이 먼지 터는 행동을 예언적이라고 이해하며, 신약성서의 다른 곳뿐만 아니라 에제키엘서 33:1-6에서도 그 자취를 찾을 수 있다고 본다. 특히 성서학자인 타네힐Tannehill이 먼지 터는 모습을 결별의 근엄한 상징으로 표현한 것에서 유용한 단서를 얻을 수 있다.[7] 결별의 문제는 복음의 전달자나 청중 모두에게 매우 중요하기 때문이다.

하느님과 예수 그리스도를 설명한 후, 나는 복음의 결말 부분까지 다다랐다. 조금 갑작스러워 보일 수 있었지만 나는 이 이야기가 진리임을 굳게 믿었다. 하느님께서 이 세계와 인류를 사랑하시기 때문에 세상 속에서 하신 모든 일을 선포하였다. 그리고 이 사랑이 복음을 듣고 있는 사람에게 깊이 다가가고 있다는 것과 옛 그리스도의 사랑을 설명하였다. 선교사로서 역할을 다 했다면 이 다음에 무엇이 남은 것일까? 남은 것은 그 메시지를 들은 사람에게 달려 있다. 그 사람은 그 메시지를 전부 거절할 수도 있고, 받아들일 수도 있다. 만일 받아들인다면, 무엇을 하면 되는지 성서에는 대략적으로 나와 있지만, 그 대략적인 설명까지 복음의 일부로 간주되어서는 안 된다. 나는 그 대략적인 설명이 좋은 소식에 대한 반응이라고 생각한다. 그

7 R.C.Tannehill, *Luke*, Abingdon Press, 1006, p.152.

것은 바로 교회다.[8]

그 메시지가 자리 잡게 해야 할 책임이 메신저들에게도 있다. 그러나 메신저의 책임은 거기서 끝난다. 메시지에 대한 반응은 순전히 상대방이 짊어져야 할 책임이다. 두 사람 사이에는 분명한 구분이 있다. 선교적 임무는 선포하는 것이지, 회심시켜 개종시키는 것이 아니다. 마음을 바꾸는 것, 삶의 방향이 바뀌는 것인 개종은 메신저가 아니라 그 메시지에 반응해야 할 사람과 더 큰 관련이 있다.

이는 양쪽 모두를 놀랍도록 자유롭게 한다. 선교사는 결과에 대한 두려움에서 벗어날 수 있고, 전달받은 이는 두려움이나 조정될 필요 없이 반응할 수 있는 자유를 갖는 것이다. 복음 전도가 이러한 자유의 영역 안에서 발생할 때, 선교적 임무는 전환된다. 비록 어떤 것도 구체적으로 언급되지 않더라도, 이 자유가 작용한다면 감지할 수 있다. 그리고 사람들은 긴장을 내려놓고 편안히 쉴 수 있다. 따라서 복음를 전하는 사람들 역시 그렇게 해야 한다. 그래야만 모든 만남은 양쪽 모두에게 충분히 만족스러울 수 있다.

적정한 거리를 두는 것과 복음 전도의 일이 힘들어질 때 떠나는 것을 혼동해서는 안 된다. 때때로 일이 매우 힘들 것이다. 그리고 선교와 사역을 진행하기 위해 비용은 꾸준히 필요하고, 적대와 관심의 결여를 계속

---

8 Vincent J. Donovan, *Christianity Rediscovered*, SCM Press, 1982. p.81.

직면하지만 그럼에도 불구하고 사랑하고 봉사해야 한다. 셰필드의 안스턴에 있는 스테핑 스톤즈에서 개척한 교회는 그럭저럭 버티고 있었다. 조지 링스는 스테핑 스톤즈 교회를 바라보며 이렇게 말했다.

> 만일 오랜 기간 지도자가 바뀌지 않고 개척 공동체로서 구성원이 계속 채워질 수 있는 게 아니라면 아예 시작하지 않는 게 나았을지도 모르겠다. 단기적인 작업은 일시적인 기대만 불러일으키고 장기적인 변화를 생각할 때는 실망만 안겨줄 것이다. 침체기에 철수하는 것은 단기 투자에 그칠 것이고, 해로운 결과를 가져온다. 이는 도시 빈민들을 위하여 교회가 참여했던 선교가 또 실패하였음을 보여줄 뿐이고, 지역 사역자들에게는 별로 반갑지 않았을 또 다른 실험이 되고 만다. 이렇게 되면 다음에 와서 씨 뿌릴 사람에게 그 땅은 더 척박한 땅으로 여겨질 것이다.[9]

선교는 그냥 걸어 나가는 것이 아니다. 선교는 결과에 대해 마음을 놓을 수 있어야 한다. 그러므로 어느 정도 거리감을 유지하는 것이 매우 중요하다. 만일 좋은 열매를 바란다면, 자꾸만 상황이 어떤지 들여다보지 말아야 한다. 이제 열린 열매를 계속 만지작거리면, 열매에 멍만 들게 된다. 거리감을 유지하지 못하면 우리는 무너져 내릴 것이다. 거리감을 유지하는 일은 선교의 임무가 맡겨진 사람 일부가 아닌, 선교사 자신을 위

---

9 *Encounters on the Edge*, No.4.

해서도 꼭 필요하다.

> 하나님의 주권, 그리고 모든 것을 포용할 수 있는 구원의 목적, 인간의 책임 사이에서 적절한 균형이 유지될 때 진정한 선교적 영성이 구현될 수 있다. 만일 선교적 활동이 결과에 집착한다면 선교는 곧 광란적이고 교활한 활동으로 전락하게 된다.[10)]

광란적이고 교활한 활동은 교회에게 파괴적이다. 이러한 활동은 곧 우리가 파송된 사람들의 삶 속에서 움직이시는 성령의 활동을 더는 신뢰하지 않는다는 표식이 된다. 우리는 어떤 일이 발생하게 할 필요가 없다. 하느님이 그 그림 안에 함께 계신다. 적정 거리감을 유지할 때 우리는 모든 것이 지나가도록 할 수 있고, 모든 것이 자연스럽게 지나갈 수 있을 때 우리는 즐겁게 신뢰할 수 있다. 모든 것이 우리에게 달려 있지는 않다. 성령에게는 다른 매개들도 있다. 이를 잊지 말아야 한다.

일시적임을 기억하기

더 나아가, 우리는 어떤 선교적 노력도 일시적일 필요가 있다는 것을 기억해야 한다. 다미안 신부가 시작한 아스다 매장에서의 미사는 2000년 가

---

10 Brain Stanle y, 'Activism as mission spirituality: The example of William Carey', Essay in Howar Mellor and Timothy Yates (eds), *Mission and Spiritual for Life*, Cliff College, 2002, pp.72-6.

을에 자연스럽게 끝났다. 씨 뿌리는 작업이 끝난 것이다. 어떤 프로젝트들은 그 기간이 매우 짧을 수도 있다. 또한 어떤 프로젝트는 소수의 사람에게 영향을 미치고 그 사람들이 움직여 역시 소수에게 영향을 미칠 수도 있다. 특히 문화와 관련한 프로젝트는 문화의 변화에 따라 변할 것이다. 우리에게는 언제 지나갈지 머물러야 할지 판단할 수 있는 지혜가 필요하다. 때때로 우리 교회들은 너무 오래 선교 계획을 붙들고 있다. 사람들은 어떤 전망을 보고, 계획을 세운 후 착수하여 열매를 맺는다. 그러나 몇 년 후, 심지어 몇십 년 후에도 여전히 그 일에 매달려있는 경우가 있다. 성령의 활동과 문화가 이미 지나갔음에도 말이다. 교회 지도자들은 여전히 붙들고 있는 그 일을 왜 아직도 하는지 깊이 질문해야 한다. 그렇게 할 수 있을 때, 교회 지도자들은 중요하며 자유로운 교훈을 얻게 될 것이다.

되돌아보기

세 번째로, 성서는 되돌아보라고 말한다. 보고까지 해야 전 과정이 마무리된다. 보고에는 성공한 선교에 대하여 허용 가능한 수준의 축하도 포함한다. (루가 10:17) 어떤 사람들은 승리주의라고 이름 붙일 수도 있을 상황이지만, 이에 대해 예수가 반대한다는 표현은 어디에도 나오지 않는다. 우리는 교회의 성장을 축하할 수 있다. 사람들이 하느님의 집으로 돌아올 때 함께 기뻐하는 일은 나쁜 것이 아니다. 물론 성장한 교회가 우리 교회가 아니고, 탕자가 돌아온 곳이 우리의 전통이 아닐 때 축하하기 위한 비용은 더 많이 들 수도 있다. 그러나 되돌아보는 일은 축하만을 의미하지 않는다. 이는 선교 현장에 어떤 일이 발생하고 있는지 이해하기 위한 것이다. 그러므로 되돌아보는 일은 반성의 기회도 포함한다. 일흔두 제자가 돌아와 선교 현장에서 보고 들은 일들을 보고하였을 때 예수는 제자들의 보고를 듣고, 이에 대해 그들이 신학적으로 숙고하도록 돕는다. "나는 사탄이 하늘에서 번갯불처럼 떨어지는 것을 보았다." (루가 10:18) 이렇게 예수는 제자들이 예수로부터 부여받은 권위의 능력을 더 잘 이해하게 도와주었으며, 또한 이 안에 내재된 위험에 대해서도 경고했다. "악령들이 복종한다고 기뻐하지 마라. 너희의 정체성을 그것으로 규정하지 마라. 그것은 너희를 어느 곳으로도 데리고 가지 못한다. 대신 이것에 너희 정체성을 두어라. 너희의 이름이 하늘에 기록된 것을 기뻐하여라." (루가 10:20) 제자들은 선교를 배우는 견습생들이었다. 그들은 돌아와 예수와 함께 그 결과를 살펴보았다. 선교에 막 참여하기 시작한 교회들은 그들의 규모가 작고 아직 자신이 없더라도, 그들의 연습 과정 중에 반드시 되돌아보기를 통해 반성하는 기회를 가져야 한다.

되돌아보는 일은 또한 책임과 관련이 있다. 버크셔의 워필드에 소재한 성 마이클 교회는 '이터니티'라는 청소년 사역을 하나의 새로운 표현으로 진행 중이다. 마크 웨어든은 파송교회가 책임을 지는 구조를 갖는 것이 매우 중요하다고 강조한다.

무슨 일이 있더라도, 우리가 모교회에 속한다는 사실은 변함이 없다. 책임감을 가져야 한다. 성 마이클 교회가 이터니티 사역의 개척을 전적으로 축복해주지 않는다고 한다면, 우리는 이를 진행하지 않을 것이다. 그들의 기도와 가르침, 돌봄은 우리에게 매우 중요하다.[11]

교회 개척이나 새로운 선교적 모험을 시도하는 사람들은 반성의 기회를 통해 배울 수 있어야 한다. 이것이 직접 구축한 것인지 아닌지, 아니면 교구 또는 파송교회의 지속적인 지원 형태일지 같은 성찰적 질문을 계속 던져야 한다.

노팅엄에 소재한 패스웨이 교회 개척은 제법 잘 진행되는 듯했다. 그러나 파송교회의 지원이 부족하여 개척의 중압감을 홀로 져야 한다는 불평이 나왔다. 중요한 필요들이 충족되지 않았던 것이다. 개척에 참여하는 평신도 지도자들은 모두 직장생활을 하고 있었다. 그래서 교회 구성원들은 그들에게 더 이상의 부담을 주고 싶지 않았고, 결국 적절한 목회적 필요들이 충족되지 못하는 상황에 도달했던 것이다. 모교회는 일단 격주로 목회적 지원과 영적 자원을 제공했다. 그러나 개척교회 구성원들은 여전히 참석하기 쉽지 않았다. 협력자로 오는 사람들 역시 직장생활을 하는 사람들로 구성된 소수의 조직이었다.

3년을 정신없이 보낸 후에 지도자들은 안정감에 대해 정직해졌다. 지도

11 Encounters on the Edge, No. 4.

자들의 부족한 생각 때문에 여분의 시간 동안 운영되는 교회였고, 어떤 활동도 할 수 없이 그저 임대 건물 안에 자리한 교회였음을 인정했다. 그리고 그들은 과중되는 업무로 너무 지쳐가고 있었다. 그들은 계속 교회를 맡기에 자신들은 부적절하다고 느꼈고, 적절한 교회의 목적과 활력은 상실되었으며, 친밀한 지도력을 갖추는 것은 더 힘들었다. 심지어 예수도 나사렛에서 사역하실 때는 어려움에 맞닥뜨리곤 하셨다.

부정적인 요소가 감춰지다

선교적인 교회에게 가장 생산적인 연습은 실제 벌어진 일에 대하여 긍정적 요소와 부정적 요소, 성공과 실패를 기준삼아 반성해 보는 것이다. 그러나 이런 반성하는 연습은 주로 무시되었다. 모든 위대한 교회, 모든 종류의 전통은 복음 전도의 활동에 어떤 식으로든 참여하였다. 몰아치듯 진행된 계획, 기도의 시작부터 가해졌던 도전, 사건 자체에서 느낀 흥분에 대해 세심한 평가를 지나치곤 했다. 이는 교회와 더 넓게는 선교에 큰 손실이 되었다.

가끔 교회 개척을 위하여 모험을 떠났던 사람들이 곧 흐지부지되는 것을 본다. 혹은 직장에서 점심시간마다 그리스도교인의 모임을 만들려고 시도했다가 전혀 이루지 못한 사람들도 본다. 이런 경험을 한 교회와 개인들은 반성을 통한 배움의 기회 없이 그저 조용히 포기해버린다. 계획했던 일이 원했던 결과(교회에 더 많은 젊은이, 더 많은 사람이 오는 것)를 생산하지 못했을 때, 실패에 숨겨진 의미들은 교회의 가장 밑바닥에 돌덩이처럼 쌓이게 된다. 이런 경향은 목회자들에게도 마찬가지다. 숨겨진 의미들은 마치 이렇게 말하는 것 같다. '우리는 복음 전도를 정말 못 하고 익숙하지 않다. 그냥 기존에 했던 점심 모임이나 제대로 하자. 이건 그래도 잘하니까.' 말하지 않고 인식하지 못할 뿐 이것들은 바닥에 깔려 숨겨진 채 부정적인 영향을 끼친다. 남겨진 것이라고는 '차라리 다른 식으로 했더라면' 하는 아쉬움과 분노, 성공하는 것 같아 보이는 사람을 향한 냉소뿐일 수도 있다.

우리는 일단 다 같이 둘러앉아 우리의 결과가 어떤지, 뭘 잘했고, 뭘 못했는지, 다음에는 어떻게 할 것인지 차분히 들여다볼 수 있어야 한다. 선교에서 명백히 실패하고 실망했을 때, 우리는 이 경험을 배우는 기회로 삼아야 한다. 1500년 이후에 명확한 정체성을 형성한 잉글랜드 성공회는 결국 정착한 교회가 되었다. 여기에는 배울 점이 있다. 땀 흘리는 것 외에 다른 방도는 없다는 것이다. 함께 앉아서 함께 성찰하는 것이야말로 가장 큰 동기부여가 될 것이다. 이것이야말로 실제로 수행해야 할 임무이고, 배워야 할 진정한 교훈이다. 반성을 통해 성장하는 개인과 교회는 잠재력을 갖고 있다. '철부지 어린이들' 역시 '아버지의 일'에 사용된다.(루가 10:21) 그리고 우리는 첫 시도에 물에 빠졌다고 포기할 필요는 없다.

쉬기

마지막으로, 선교가 지속될 수 있으려면 쉬는 법을 배워야 한다. "예수는 제자들을 그와 함께 따로 떼어내셨고, 군중은 그들에게서 떨어졌다." (루가 9:10) 프란시스코수도회 규칙은 휴식과 선교의 밀접한 관계를 보여준다. '신의 은총이 끊임없이 갱신되지 않으면 정신은 시들해지고 의지는 약해지며 양심은 둔해진다. 마음은 새로움을 잃고 신체는 활력을 잃는다.'[12)]

처치 아미에서 일하는 폴 해밀턴은 1996년에 캔비 섬에 들어갔다. 그곳에서 얻은 교훈들을 책으로 엮은 것이 『위기 순간에 마주친 뜻밖의 만남』Encounters on the Edge이라는 책이다.

사람들을 그리스도에게로 이끌고 싶었던 젊은 복음 전도자인 폴은 자신이 교회에 대해 부족한 시각을 가지고 오직 기능적으로만 바라봤다는 것을 인정했다. 현재는 한 달 주기로 하는 기도나 금식처럼 더 깊은 영적인 훈련을 통해 변화되어야 했다. 성 캐서린 교회는 시간이 지날수록, 자신들이 교인 수에 집착하면 그들은 더 바라기만 할 뿐이고, 자신들이 하느님을 추구하면 교인은 자연스럽게 따라온다는 것을 알게 됐다. 좋은 생각이 항상 하느님의 생각은 아니었다.

폴은 하느님께서 다음의 일들을 진짜 원하시는지 냉정히 판단하기 시작했다. '교회의 자원이 부족해도 성 캐서린 교회의 활력은 회복되고 새로운 사람들에게 복음을 전하는 일은 계속되어야 한다.' 폴은 교회의 핵심 구성원 일부와 더 많은 시간을 보냈다. 일부 사람만 선호하고 그들에게 시간을

12 'The principles of the First Order of the Society of Saint Francis Day 16', cited by Brother Ramson, SSF, in *A Hidden Fire*, Marshall Pickering, 1985, p.139.

쓰는 것 때문에 당연히 비판도 있었다. 그들은 셀 모임을 시작했다. '너무 하느님에 관해서만 나눈다'라는 이유로 일곱 명 중 두 명은 그 셀 모임을 떠났다. 하지만 셀 모임의 결과 예배가 바뀌기 시작했다. 폴은 말했다. "나는 단순히 이 사람들이 다시 예수님과 사랑에 빠져야 한다고 생각했다. 그들은 진이 빠졌고 의기소침해 있었다. 항상 새로운 것들만 시도했지만 잘되지 않았다. 그런데 그 작은 셀 모임에서 사람들이 다시 예수님과 사랑에 빠지도록 도왔고, 잘 맞아떨어졌다. 이런 것들이 예배로 흘러 들어간 것이다. 신앙이 다시 살아나게 된 모든 사람이 원하는 것은 찬양하는 일이었다."

셀 모임은 계속 성장했고, 결국 더 많은 셀 모임이 생겼다. 캔비에서 했던 셀 모임은 돌봄, 준비, 배움, 웃음이 왜 필요한지 적절하게 설명해줬다. 셀에서 맺은 관계망은 제자 양육까지 연결되며, 그렇게 제자 양육이 이뤄질 때 중간에 그만두는 사람들이 현저히 줄어든다는 것을 폴은 확인했다.[13]

'돌봄, 준비, 배움, 웃음'은 장기간 지속 가능성을 유지하는 가장 적절한 방식이다. 쉬는 법을 배우는 것과 다른 사람의 쉼을 허락하는 법을 배우는 것은 선교에서 중요하다. 쉬는 것을 통해 우리에게는 하느님과 여가가 필요함을 깨닫는다. 쉼은 우리가 모든 상황에 항상 필요하지는 않다는 것을 의미한다. 쉼은 우리가 가져야 할 활력의 원천에 우리를 다시 연결시켜준다.

---

13 *Encounters on the Edge*, No. 10. pp.12-13.

우리는 성숙하고 안정된 사람은 많은 양의 노동과 깊은 내적 안식을 잘 배합할 수 있음을 안다. 사실 전자는 후자의 조건이다. … 그것은 끊임없는 노동과의 긴장 가운데 있는 안식이며, 그 긴장을 이른바 소망이라 부른다.[14)]

쉬는 법을 배울 때, 우리는 선교의 긴 순례를 받아들일 수 있다. 이것은 자신의 속도를 맞추는 일이다. 쉰다는 것에는 현실이 반영되어 있다. 우리는 기계가 아니기 때문이다. 교회 직원과 지도자들이 기계처럼 끝없이 움직이기를 서로 권면하는 교회는 불안으로 가득 찬 비현실적인 기대들로 위험해질 가능성이 높다. 교회 지도자가 쉬어야 할 때라는 것을 인지하기 시작한 교회는 그 기간을 전환점으로 삼을 수 있다. 이렇게 쉼은 중요하고, 선교를 위한 연습의 한 부분이 되어야 한다.

즐거움이 가득한 진지함, 진지함이 가득한 즐거움

선교에 관하여 우리 교회 문화는 불안에 금세 잠식되고는 한다. 하지만 반복적인 리듬을 유지하고, 거리를 두고 되돌아오며, 반성하고 쉬는 것은 불안이 절정에 달할 때도 강력한 자유를 누릴 수 있게 해준다. 이러한 방식으로 선교에 대해 일종의 여유 있는 성숙과 행복, 전체 임무에 대한 가벼운 마음을 가질 수 있다. 우리는 선교의 임무를 대할 때 진지하면서도

14 *The Household Of God*, p.122.

즐거워야 한다. 특히 이러한 마음의 중심에는 겸손함이 있다. 선교의 결과는 하느님에 의한 것이지 우리가 가져올 수 없다는 것을 깨닫는 겸손함이다. 언제나 배워야 할 것들이 많으며, 신뢰와 의존의 관계 속에 참여해야 한다는 겸손함이다. 우리는 선교를 위해 죽을 수 있다. 그러나 선교를 위해 살지는 못한다. 우리는 오직 하느님을 위해서만 살 뿐이다.

11

선교를 위한 여행

"나를 따라오너라. 내가 너희를 사람 낚는 어부가 되게 하겠다" 하고 말씀하셨다. 그들은 곧 그물을 버리고 예수를 따라갔다.

(마르 1:17, 18)

이 시대의 교회가 지금 당장 해야 할 것은 무엇보다도 모험이다. 교회는 정착하기 위해 애쓰는 동안 많은 축복을 받았다. 하지만 이제 지루해진 것도 사실이다. 우리는 교회의 지루함에 대해 누구보다도 잘 알게 됐다. 서구의 세속 문화 역시 지루하긴 마찬가지다. 많은 것을 소유한 사람이 다음에 할 일은, 여전히 더 많이 갖는 일뿐이다. 지루해진 교회와 문화는 어떤 관련을 갖고 있을 것이다. 그러나 잊지 말아야 할 것은 우리를 향한 그리스도의 명령은 모험을 재촉한다는 것이다. 이 모험에는 위험이 도사리고 있다. 돌아갈 수도 없고, 결과를 예측할 수도 없는 모험이다. 이 모험에 참여할 때 우리는 더 빨리 성장할 수 있고, 우리가 경험했거나 알지 못했던 형태까지 뻗어 나가게 된다. 모험 중에 발생하는 위험은 우리를 더욱 발전시키는 자극제가 된다. 우리는 모험을 통해 자신을 더 사랑할 수 있을 만큼 성장하고 신뢰가 가득한 사람이 된다.

성직자는 모험을 해야 한다. 효과적으로 하느님의 복음을 선포하고 수행하려면 가장 의욕적이고 세심하며, 배려가 있어야 하고, 열정과 열망이 있어야 한다. 그들은 차이를 만들어내야 한다. 대다수 성직자들은 하느님과 함께하는 모험에 부름받았다고 믿는다. 그러나 교회를 정착시켜야 한다는 기대의 멍에에 짓눌려(건물 관리, 연간 계획 기획, 바자회와 잔치 등 주요 행사 감독) 긴 시간을 보내는 동안 어떤 이들은 일종의 노예처럼 된다. 이렇게 되면 선교적 모험은 '더 지치게 하는 사역', '더 힘든 일'로만 생각되고, 위험할 뿐만 아니라 혐오스러워보이기까지 한다. 그래서 그물을 고치는 정도에 안주하면서, 했던 일들만 반복하게 된다. 그런 일은 힘들고 재미도 없다. 그러나 별 생각 없이 일단 할 수는 있다. 그리고 그물을 고치는 동안, 모험이 어떻게 진행됐을지, 뭐가 달랐을지 상상해볼 수는 있다.

선교의 모험 중 겪는 어려움은 해왔던 일을 계속할 때 발생하는 어려움과 다르다. 모험을 할 때는 강력한 활력이 내부에서부터 만들어지기 때문이다. 운동이나 몸을 뻗는 스트레칭, 밖으로 나가는 활동이 열을 발생시켜 몸 전체를 데우듯이 말이다. 마찬가지로 멀리서 바라볼 때 지금껏 매만져왔던 그물이 다르게 보일 수 있다. 정말 중요해 보였던 일도 다른 관점에서는 시시해 보일 것이다. 주로 사용했던 그물들도, 그물이 제작된 본래 목적을 되살리려 할 때 수선할 부분들이 보이듯이 말이다.

보기 전에 움직여야 하는 신앙에는 역동성이 있다. 앞 못 보던 남자는 실로암으로 가서 씻으라는 소리를 들었다. “그 남자는 가서 얼굴을 씻고 눈이 밝아져서 돌아왔다.” (요한 9:7) “그들이 가는 동안에 그들의 몸이 깨끗해졌다.” (루가 17:14) 교회가 하느님의 영을 따라 선교로 나아갈 때 분명히 변화는 찾아온다. ‘나가는 것’은 실상 우리를 더 깊은 곳으로 밀어넣는다. 하느님의 마음은 하느님 자신에서부터 지구상의 어두운 곳, 잃어버린 사람들을 향하여 꾸준히 뻗어가고 있기 때문이다. 교회가 성령을 따라 선교에 참여한다는 것은 무슨 의미일까? 선교는 지역교회들에게, 교파를 초월한 교회들에게, 지역의 목회자들에게 무슨 의미일까?

선교의 모험에 관해 생각할 때 떠오르는 두 가지가 있다. 하나는 경계를 넘는 것에 관한 질문이고, 다른 하나는 경계선을 넘을 때 생길 위험부담에 관한 것이다. 이 장에서는 이 두 가지를 간단히 살펴보고자 한다.

경계를 넘어

> 다미안 신부에게 성육신한 그리스도는 슈퍼마켓 식탁에 계신다. 모든 사람은 사소한 것에서부터 고귀한 것까지, 모든 물건과 언어 전부를 사용할 수 있게 되었다. 경건에 대한 열망은 구별 짓고자 하는 경향이 있으나, 성육신에 대한 열망은 경계를 넘어 거룩함에 참여하고 마주하게 한다. 역설적인 열망이다.[1]

1 *Encounters on the Edge*, No. 16, p.12.

경계들에 관한 예수의 관점은 매우 모호하다. 그는 자신의 문화에 깊이 뿌리를 내리면서 문화, 관습에 참여했다. 그리고 자신의 삶을 위해, 규범인 토라가 갖는 한계를 인정하는 듯 보였다. 그는 또한 자유롭게 율법의 해석을 비판했다.

그는 자신의 선교적 부름이 갖는 한계에 집중했다. "나는 길 잃은 양과 같은 이스라엘 백성만을 찾아 돌보라고 해서 왔다." (마태 15:24) 그리고 그를 따랐던 초기 선교사들에게도 비슷한 제약을 부과했다. "이방인들이 사는 곳으로도 가지 말고 사마리아 사람들의 도시에도 들어가지 마라." (마태 10:5) 그러나 그는 어떤 장소에서든 '분리의 규칙'을 깨뜨렸다. 그는 정결례를 따르지 않는 이들과 함께 먹었고, 죄인들과 우정을 맺었으며, 불결한 직업인 세관장의 집에도 들어갔다. 그는 사마리아 여성에게 물을 달라고 했고(율법에 의하면 두 배로 죄를 짓는 일이다!) 나병 환자를 손으로 만졌다. 안식일에 치유를 행했고, 발을 씻겼다. 그리고 한 가나안 여성이 예수의 명백한 거절에도 불구하고 끈질기게 도움을 요구하며 끝까지 자기 입장을 굽히지 않았을 때, 예수의 부르심과 선교에 관한 패러다임이 변한 것처럼 보이기도 한다. 예수는 그녀의 신앙을 시험해보려고 했던 것일까?

위험을 감수하기

여기서는 초대교회가 실제로 뻗어 나가기 시작한 때에 있었던 베드로와 고르넬리오의 이야기를 먼저 해야겠다. 사도행전 10장과 11장의 이야기는 우리에게 매우 익숙해서 그냥 지나쳐버릴지도 모른다. 그러나 교회가 문화와 사회의 간극을 뛰어넘는 거대한 모험에 어떻게 참여해왔는지 살펴보기 위해 천천히 곱씹고 묵상할 필요가 있는 구절들이다. 그들은 자신들이 속한 전통의 문화 규범에서 벗어나기로 결정했다. 당시 사회에서 이 결정은 어떠한 가치도 인정받지 못하고, 근거도 찾을 수 없으며, 아무것도 보장받을 수 없는 결정이었다. 정오의 뜨거운 옥상에서 본 환상, 흥미로운 우연의 일치, 그리고 찾아온 복음을 선포할 기회. 베드로가 설교하는 동안 청중은 하느님을 향해 열광적으로 찬양을 쏟아냈다. 그들이 결정을 내릴 때 마음속 어딘가에는 예수가 오직 이스라엘 집안의 잃어버린 양을 위해 오셨고, 땅끝까지 가실 것이라는 모호한 진술과 하느님의 숨 막히는 포용력을 시사할 만한 오래된 문구들이 뒤섞여있었을 수 있다. 우리는 이런 종류의 씨름과 모험을 되찾아야 하지 않을까? 안티오키아의 교회는 바울과 바르나바를 기꺼이 파송하는 위험을 감수했다. 예루살렘의 교회는 하느님께서 이방인들에게도 "성령을 그들에게도 내리셔서 우리와 똑같이 인정해주셨습니다"(사도 15:8)라는 지시를 따르기 위해 분투했다. 수용에는 조건이 따랐으며 조심해야만 했다. 그러나 조심해야 한다는 것이 곧 그만두어야 함을 뜻하는 건 아니었다. 선교를 위해 부름받아 보내진 사람이 된다는 것은 영향을 미치기 시작하는 것이다. 보냄을 받은 사람과 나가는 사람 모두에게 영향을 미치기 시작하는 것이다. 선교에서 벌어지는 사업들은 세상에 대한 이전의 이해방식에 항상 도전하게 마련이다. 위험은 언제나 우리 앞에 다가선다.

하느님과 함께 묶여있을 것인가, 아니면 하느님만 가둬둘 것인가

나는 셰필드의 한 선술집에서 친구들과 밤을 샌 이야기를 하며 주변 동료들을 즐겁게 해주고 있었다. 늦은 밤 선술집에 자물쇠가 어떻게 채워지게 됐는지, 그리고 그 안에 갇혀 나눈 대화가 어떻게 하느님을 향해 가게 됐는지 등을 말했다. 나는 이 특별한 우정이 몇 년 동안 어떻게 발전해왔고, 얼마나 많은 위기가 있었으며, 그때마다 얼마나 많은 것을 얻게 됐는지 설명했다. 이야기를 듣던 한 젊은 그리스도교인이 질문했다. "그런데 악영향을 받아 변질될지도 모를 위험을 어떻게 피할 수 있었나요?' 나중에 그 대화를 떠올리면서, 신앙의 중심에 악영향을 미치는 요소들에 대한 깊고 원시적인 두려움을 생각했다. 그리고 원래는 좋은 목적이었겠으나 곧 특정 신앙 공동체를 지배하고 정의하기 위한 구조로 변화하기 시작한 도덕, 문화, 사회, 신체적 경계들과 그것들이 끼친 결과를 떠올려봤다. 이런 경계들은 다른 사람이 경계 안으로 들어오지 못하게 할 뿐 아니라 우리 자신도 그 안에 가둬놓는다. 우리가 갇힌 상태에서 밖으로 뛰쳐나온다면 상쾌한 공기를 들이마실 수 있을 것이다.

'우리를 거룩하게 하여주셔서 감사합니다' '맥주 냄새를 풍기는 것을 기분 나쁘게 받아들이지 않아주셔서 감사합니다.' 대조적인 이 두 인사는 블랙번의 롱샌즈에 위치한 앤더튼 암스의 동네 술집에서 자정 예배 후 나눈 대화다. 당신의 생각은 어떤가?[2)]

---

2 *Encounters on the Edge*, No. 16, p. 17.

미지의 장소로 향하는 여행

경계를 넘을 때 가장 크게 느껴지는 위험은 자신이나 자신이 속한 공동체에 가해지는 위험이다. 내가 경계를 넘어갈 때, 익숙한 것들을 뒤에 남겨두는 것뿐만 아니라 새롭게 마주쳐야 하는 것들을 통해 변화될지도 모른다. 『선교형 교회』에서 다루는 주된 논의는 기꺼이 '선교적 상황이 새로운 형태의 교회와 형식에 영향을 주도록 해야 한다'는 것이다.[3] 한 지도자는 경계를 넘어가는 경험이 그를어떻게 변화시켰는지 고백한다. "나는 젊은 이들을 위해 하는 다른 어떤 일보다 그들이 코치나 리더가 될 자격이 충분하다는 것부터 신뢰해야 할 필요가 있다는 것을 깨달았다."[4]

우리가 선교를 위해 자신에서 벗어나야 한다는 도전은 결국 우리가 하느님께 깊이 뿌리내려야 한다는 의미임을 이미 살펴보았다. 선교에서 하느님께 깊이 뿌리내리고 있으므로 우리는 반드시 언제나 안전감을 가질 것이라고 오해할 수도 있다. 어느 정도의 취약함과 위험도 느끼지 않으면서 선교로 향해 간다는 것은 있을 수 없다. 선교를 하기 위해 우리는 안전하고 익숙한 곳에서 나와 새로운 지역의 가정집에서 교회를 개척할 수도 있고, 선술집에서 구도자 무리를 지도할 수도 있고, 방과 후 클럽을 시작할 수도 있으며, 지역 공동체의 문제를 해결하기 위해 다른 종교와 함께 일할 수도 있고, 도시 센터에서 밤마다 수프를 나눠주거나 지역 라디오 프로그램에서 신앙 문제를 이야기할 수도 있다. 안전하고 익숙한 곳에

---

3 *Mission-shaped Church*, p.20.

4 Chris@Xcite, xcford, questionnaire, 2005.

서 나와 위협과 위험을 느끼지 않으면 선교는 시작되지 않는다.

브리스톨에서 교회에 나가지 않는 사람들을 데리고 문화의 경계를 넘나드는 그리스도교 공동체를 만든 한 사제는 말했다. "이 일은 나를 불안하게 만듭니다. 사제의 삶에서 예상될 만한 것들에서 떠나 전혀 다른 영역 안으로 들어가야 합니다. 이 관계를 형성하기까지 굉장히 힘들었고 파란만장한 일들을 겪어야 했습니다."[5] 스토크의 '벽 없는 교회'의 한 리더는 다음과 같은 글을 남겼다. "내 가족과 나는 의심할 필요 없이 문화를 넘나드는 선교사다. 우리와 아이들은 우리 곁에 살던 사람들 사이에서 이상한(이방인 같은) 사람들로 여겨진다."[6] 셰필드의 지역교회를 통해 선교에 참여했던 한 여성은 그곳을 벗어나 다른 이들에게 다가갈 때 느꼈던 취약함을 묘사한다.[7] 우리는 선교를 위해 여행을 떠나면서, 선교가 허락하는 불안과 두려움에 직면하게 된다.

불쾌함과 위험을 감수하기

선교의 모험이란 위험을 감수하며 경계를 넘나드는 일에 참여하는 것이다. 기존의 전통을 따르는 다른 사람들이 불쾌해할 수도 있고 위험하다고 여겨 경고하기도 한다. 즉 현실에 안주할 수 없게 된다. 이는 무엇이 중요하고 무엇이 중요하지 않은지에 대해 따져봐야 한다는 것을 의미한다. 어

5 Nick Crawley, 전화 인터뷰, 2005년 6월 1일.

6 Gordon Crowther, questionnaire, 28 June 2005.

7 Questionnaire, 2003.

떤 것을 포기할지, 어떤 것을 유지할지, 타협의 가능성을 받아들여야 할지 결정해야만 한다. 이는 갑작스럽게 찾아온 기회를 놓치지 않고 복음을 위해 사용하는 것(사도 17:16-34), 그리고 선교할 영역을 찾아내기 위해 책임지고 일하는 것을 의미한다.

선교가 빚어내는 환대와 교회의 경계들

우리가 넘어가야 할 다른 경계들도 있다. 그리고 이렇게 다른 방식으로 경계를 넘어갈 때 역시 하느님 앞에서 우리가 누구인지 아는 것과 사랑받는 자신을 기억하는 것은 매우 중요하다. 『선교형 교회』는 교회가 지역, 이웃, 관계망이라는 3차원을 넘어 이제는 다른 차원의 선교 모형을 도입할 필요가 있다는 것을 깨닫게 한다. 기존의 지역교회 모형을 유지하면서도 교회가 접한 다른 차원들에 참여하길 독려하는 것이다.

> 지역교회 체제가 교회의 성육신적인 선교를 전달하는 기본적이고 중심적인 전략임은 분명하다. 그러나 현존하는 지역교회 체제만으로는 선교의 근본적 목적을 온전히 달성하기란 불가능하다.[8]

교회는 새로운 선교 패러다임을 받아들여, 특정 지역에 국한되는 지역교회 경계를 넘어, 나이트클럽에 찾아온 사람들, 젊은 사무직 근로자

8 *Mission-shaped Church*, p.xi.

들처럼 특정한 사람들을 위해 교회의 경계를 확장하는 전망을 가져야 한다. 그리고 이렇게 지역교회의 경계를 넘어 침투할 때, 지역교회를 중심으로 이뤄진 기존의 경계로부터 스트레스와 압력을 느낄 수 있다.

경계를 넘는 일은 지역교회에게 쇠락하고 있음을 느끼게 만들 수도 있고, 지역교회 목회자들과 평신도들을 불편하게 만들 수도 있다. 그들은 이해할 수 없는 선교의 모험에 대해 의심과 적대감을 드러낼지도 모른다. 법적으로 문제 삼거나 교회로서 마땅히 부담해야 하는 분담금을 매개로 위협하는 사례도 있다. 한 지역선교 담당자는 이렇게 말한다.

> 지역에 뿌리내린 교회가 새롭게 개척하는 교회에 갖는 감정은 다양하다. 그들은 가벼운 경멸감을 갖거나 노골적인 적개심을 드러낸다. 지역교회가 이미 뿌리내린 상황에서 새로운 개척이 왜 필요한지 이해하지 못하는 경우가 다반사다. '이리로 와서 그냥 우리랑 같이 일해도 되지 않나?' '왜 우리한테 와서 보고하지 않지? 우리는 이곳에 100년도 넘게 있었는데, 그들은 자신들이 뭐라도 된다고 생각하나?' '이 마을에 대해 얼마나 알고 있지?' '우리가 잘못 하고 있다는 거네?'

그는 다른 감정들에 대해서도 말한다.

> 적절한 상의 없이 교회 개척이 결정되었다고 받아들일 때, 개척을 위해 새로 들어오는 사람과 교구를 향한 불신의 감정이 생긴다. … 자신들이 무시

당했다거나 배제되고 배척당했다는 기분이 들 때, 결국 개척과 교회 구조 자체를 잘못 이해하게 되어 '이 사람들이 우리 지역에서 사라졌으면 좋겠다. 우리보고 뭘 어쩌라는 건가?'라고 생각한다. 그들이 자신의 직무를 빼앗겼다고 느낄 때, '우리는 어쨌든 우리가 하던 일을 계속 할 것이다'라고 판단한다. 그리고 위협받았다고 느낄 때, '우리는 우리 지역 안의 모든 사람을 위해 애쓰는데 개척한다는 사람들은 교회에서 중요한 사람들에게만 관심을 두고 있다'라고 생각한다.

무시되고 배척되고 배제당하고 위협당한다고 느끼는 것은 깊은 두려움과 불쾌함 때문이다. 이러한 감정이 정당하든 그렇지 않든 교회를 개척하거나 그 일을 추진하거나 교회 개척을 돕는 일에 밀접한 관련이 있는 사람들은 이러한 감정 반응과 마주한다. 하지만 아마도 불안정하고 기본적으로 두려운 자세를 취하려는 유혹은 선교활동을 감당하는 어떤 교회도 맞이할 수 있는 일일 것이다. 그러나 이와 똑같은 반응, 즉 지역교회가 처한 힘든 여건, 안전한 정체성에 위협을 느끼는 일, 하느님의 은총과 관대함을 가지고 환대해야 한다는 압박감은 지역교회가 새롭게 성장하는 밑거름이 될 수도 있다.

우리는 이미 경계를 넘는 일에 감수해야 할 위험이 내포되어 있다는 것을 알고 있다. 런던 교구의 선베리에 소재한 성 구세주 교회의 이야기는 작지만 고군분투하며 기꺼이 큰 위험을 받아들인 신자들에 관한 이야기이다. 이는 『선교형 교회』가 주창하는 신학, 살기 위해 죽는 사람들

의 이야기다.[9]

성 구세주 교회는 다른 지역의 번영하고 있는 한 복음주의 교회(트위크남에 소재한 성 스테판 교회)로부터 제법 규모가 되는 신자들을 받아들이고 그들이 건물 안에서 개척하게 해줄 수 있느냐는 제안을 받았다. 이 일에 대해 큰 실망감과 저항이 발생했다. 사람들은 개척 멤버들에게 떠나가라고 협박했다. 그러나 그때 86세의 교회위원, 60년간 교회에 출석해온 베릴 월드리그가 소리쳤다. "교회가 성장하게 해주세요! 이건 우리에게 큰 기회가 될 거예요!" 그녀의 외침은 교회를 변화에 직면하게 하는 순간이었다. 교회위원회는 개척 팀을 수용하기 위한 무기명 투표를 했다.

교회위원회는 결국 새로운 이들을 받아들였다. 교회를 떠나야 하는 사람은 없었다. 그리고 일주일에 몇 시간씩만 문을 열었던 교회 건물은 이제 대부분의 날 동안 문을 열어놓게 되었다. 주중에도 많은 사람이 교회 일을 보러 건물에 들락거렸고, 곧 이곳은 일요일마다 지역사회를 지탱하는 중심지가 되어갔다. 교회는 셀 모임들을 형성했는데, 그중 열세 개는 현재 카페 스타일의 2부 예배를 시작했다. 2006년 봄 무렵, 교회 야유회에는 140명이 참석하게 됐다. 베릴은 이 기억에 남을 만한 행사가 끝나고 몇 주가 지난 뒤 세상을 떠났다. 교회 목회자의 말대로 그녀는 자신의 교

---

9 *Mission-shaped Church*, p.89.

회가 미래를 위해 충분히 준비되었음을 확신한 사람이었다.

성 구세주 교회가 마음으로부터 직면하고 개척 팀을 받아들이기로 결정한 사안은 충분히 영적인 것이다. 교회는 그들을 마주보고 함께 일하며 그들과 함께 무언가 좋은 것을 만들 수 있다는 것을 알아차렸다. 그 교회는 어떻게 선교를 위한 교회가 될 수 있는지 어느 선교사 못지않게 충분히 배워가고 있다. 우리의 영역에서도 선교가 이루어지게끔 허락하고, 그 일이 잘 진행되도록 수용하며, 그 일의 지도자들을 위해서 기도하고, 교회 회중에게 그 일에 대하여 긍정적으로 말할 수 있으려면 진정한 그리스도교인의 특성인 열린 마음이 필요하다.

성령을 따라 모험을 떠나기

모험으로 지불해야 할 대가는 꽤 세지만 그 결과는 가치 있다. 제한된 구역에 집착하는 사고방식은 사람을 위축시키지만 모험은 계속될수록 사람의 인격을 확장하고, 바라볼 수 있는 전망을 넓히며 신뢰를 높인다. 선교의 모험은 안전한 결과를 보장하지 않는다. 이 순례는 도착지를 알 수 없다. 그러나 우리에게 아무런 지원도 없는 것은 아니다. 나침반과 여행을 위한 빵, 그리고 우리 서로가 있다. 우리는 이미 필요한 교훈을 배웠다. 알 수 없는 장소를 향해 나아가고 있지만 우리에겐 앞서 나간 동료들이 있고, 길을 보여주시는 성령이 계시다. 우리는 그들에게 의지하여 앞으로 걸어나간다. 17세기에 돈캐스터 발비 지역에 자리 잡은 퀘이커 교도들은 성령에 의지하여 길을 걷는 사람들을 격려하기 위해 이런 글을 남겼다.

> 우리는 당신이 우리를 따라 하거나 흉내내지 않았으면 좋겠어요.
> 우리는 대양을 가로지르며
> 곧 사라질 물거품으로 길을 내는 배처럼 되길 바라거든요.
> 우리는 당신이 우리가 그토록 추구했던,
> 그리고 세대마다 새롭게 추구해야 할 성령을 따랐으면 좋겠어요.[10]

지금 우리는 지금 세대를 인도하시는 성령을 만나기 시작했는지도 모른다. 큰 탐험을 준비할 때, 우리는 탐험할 땅의 형세를 살피고 정보를 모으며 바깥 상황에 대한 보고들을 가지고 집으로 돌아와야 한다. 모험을 떠나기 위해 우리의 일들을 조정하고 관리할 수 있도록 우리 삶을 재배치하는 것이다. 탐험이 깊어질수록 우리는 더 철저해져야 한다. 에베레스트산 정상에 오르기 위해서는 몇 가지 단계를 반드시 거쳐야 한다. 정상에 도달하기 전에 캠프를 구축해야 하고, 로프를 제자리에 고정하고 필수적인 물자를 챙겨야 한다.

성령은 전통적인 교회 모형을 사용하든 교회의 새로운 표현을 사용하든 간에 이미 우리 문화 속에서 선교 여행을 떠난 많은 이들의 목소리로 우리를 자극하고 계신 건 아닐까? 그렇다면 우리는 이 부름을 진지하

---

10 First generation Quakers at Balby, late seventeenth century, cited by E. Arnold, *Why We Live in Community*, Plough, 1995, Preface.

게 받아들여 그들의 실수, 그들의 즐거움에서 배워야 한다. 우리는 작은 이야기들로부터 길어 올려진 교훈을 활용하며 우리 앞에 놓인 광대하고 새로운 사역에 진입해야 한다.[11)]

새로운 사역은 오랜 시간, 심사숙고하여 서로에게 협력하려는 노력 외에 어떤 것도 필요치 않다. 이를 위해서는 특정 전통의 교회가 아니라 모든 그리스도인의 노력이 필요하다. 그래야만 우리는 지금 세대, 그리고 다가올 세대를 위한 주님의 좋은 소식을 선포할 수 있을 것이다. 이는 우리가 가진 모든 것을 요구한다. 결과가 어떨지 예상조차 할 수 없다. 결국 우리는 모험을 떠나야 한다. 에베레스트 산을 오르는 산악인들처럼. 한 걸음씩 나아가며, 매 순간 다가오는 위험을 넘어 주님께서 우리에게 선사하시는 엄청난 기쁨을 맞아들여야 하지 않겠는가.

11 조지 링스와 셰필드 센터, 그리고 밥 잭슨은 앞으로도 지역교회와 교구를 적극적으로 도울 것이다.

선교를 이루는 영성

신앙을 새롭게 하는 선교의 힘

초판 발행 · 2019년 11월 20일

지은이 · 수전 호프

옮긴이 · 이민희

발행처 · ㈜타임교육

발행인 · 이길호

편집인 · 김경문

편집 · 김경림 양지우

디자인 · 이지음

제작 · 신인석 김진식 이난영

재무 · 강상원 이남구 진제성

마케팅 · 이태훈 방현철

출판등록 · 2009년 3월 4일 제322-2009-000050호

주소 · 서울시 강남구 봉은사로 442(75th Avenue빌딩) 타임교육 7층

편집문의 · 02-590-6997

주문전화 · 1588-6066 | 팩스 · 02-395-0251 | 이메일 · kyunglim.kim@t-ime.com

ISBN · 978-89-286-4597-8 (03230)

※ 값은 뒤표지에 있습니다. 잘못된 책은 구입하신 곳에서 바꾸어드립니다.

※ 이 책은 (주)타임교육과 성공회브랜든선교연구소의 공동 프로젝트로 제작되었습니다.